상상이
현실이 되는
나라

출처 및 인용

이 책에 실은 '문재인 대통령의 말과 글'은 청와대 홈페이지에 게재된 대통령 연설문과 SNS 메시지를 부분 발췌한 것입니다.

상상이 현실이 되는 나라

초판 1쇄 인쇄 2018년 11월 5일
초판 1쇄 발행 2018년 11월 20일

그린이 고군(고홍석)
펴낸이 金湞珉
펴낸곳 북로그컴퍼니
편집 김옥자 서진영 김현영
마케팅 이예지 김은비
디자인 김승은 송지애
경영기획 김형곤

주소 서울시 마포구 월드컵북로1길 60, 5층
전화 02-738-0214
팩스 02-738-1030
등록 제2010-000174호

ISBN 979-11-89166-54-0 03300

· 이 도서의 국립중앙도서관 출판예정도서목록(CIP)은 서지정보유통지원시스템 홈페이지(http://seoji.nl.go.kr)와 국가자료공동목록시스템(http://www.nl.go.kr/kolisnet)에서 이용하실 수 있습니다.(CIP제어번호: CIP2018034754)

《좋아요 문재인》 두 번째 이야기

상상이 현실이 되는 나라

고군 만평집

북로그컴퍼니

문재인 공식팬카페 文
우리 이니
하고픈거
TIME
THE NEGOTIATOR
1 문재인
사람이 먼저다
STAFF
피자마루
adidas
문재인

2017. 5. 9. <광화문 대통령>

촛불을 들었던
대한민국 국민들께
바치고 싶습니다.
세계시민상

인트로

"나는 촛불혁명으로 태어난 대통령입니다."

한국 민주주의는 국민주권의 완전한 실현을 위해 진전하고 있습니다.
한국 국민은 촛불혁명을 통해, 헌법의 절차를 통해
국민의 뜻을 배반한 대통령을 파면했습니다.
가장 평화롭고 아름다운 방법으로 국민의 뜻을 실현한 것입니다.
국민은 독재정권이 빼앗았던 대통령을
내 손으로 뽑을 권리도 자신의 힘으로 되찾았고,
대통령이 잘못할 때 탄핵할 권리도 자신의 힘으로 보여줬습니다.
의회와 사법부도 국민의 뜻을 법과 제도로 뒷받침했습니다.

대한민국 국민은 '민주공화국의 모든 권력은 국민으로부터 나온다.'는
명제를 전 세계 시민에게 보여주었고, 이를 통해 대통령이 된 나에게는
대통령도 국민의 한 사람이라는 사실을 분명하게 말해주었습니다.
촛불혁명은 여러 달에 걸쳐 1,700만 명이 참여한
대규모의 시민 행동이었지만 처음부터 끝까지
단 한 건의 폭력도, 단 한 명의 체포자도 발생하지 않은
완벽하게 평화롭고 문화적인 축제 집회로 진행되었습니다.
폭력이 아니라 평화의 힘이 세상을 바꾼다는 것을 보여주었습니다.

나는 대통령으로서 수많은 국민과 악수를 나눕니다.
국민이 먼저 손을 내밀고 반가워할 때 행복합니다.
동시에 마음이 아파오기도 합니다.
국민이 내 손을 꼭 잡아 쥘 때 전해오는 것은 공정하고 정의로운 나라,
그리고 평화로운 한반도를 만들라는 간절함입니다.
이제 새로운 대한민국은 경제민주주의와
평화를 향해 나아갈 것입니다.

- 2017. 9. 19. 대서양협의회 세계시민상 수상 소감 中 -

국민이묻고 대통령이 답한다

제19대 문재인 대통령 취임!

기회는 평등할 것입니다.
과정은 공정할 것입니다.
결과는 정의로울 것입니다.

2017년 5월 10일
내가, 우리가 선택한
대한민국 대통령!

우리 벌써 100일 됐어요!

시나리오 NO!
질문지 NO!
편집 NO!
프리스타일
100일 기념 기자회견!

대화하는 대통령,
소통하는 대통령,
이것이 바로 대통령의 애티튜드!

취임 1년, 첫돌

화려한 행사 대신
첫돌의 의미를 담아
청와대 직원들에게
돌떡을 선물하고
구내식당에서
함께 점심을 먹으며
고마운 마음을 전한
문재인 대통령 내외!

그리고 취임 500일!

한반도 평화를 이끌어낸
우리 대통령!

프롤로그

상식이 통하는 나라,
국민에게 주권이 있는 나라,
평화로운 나라!

오랜 시간 상상 속에서만 존재했던 일들이
지금 문재인 정부에서 벌어지고 있습니다.

"핵 단추가 내 책상 위에 놓여 있다!"
"내 핵 단추는 더 크다!"
트럼프 미 대통령과 김정은 국무위원장의 막말 논쟁으로
불과 얼마 전까지만 해도 우리는 생존 배낭을 준비해야 했습니다.
또한 이명박·박근혜 정권의 수많은 비리들과
잇따른 국정농단으로 지난 9년은 정말 아팠습니다.

그런 가운데 맞이한 문재인 정부!
불과 500일 사이에 그간 누구도 해내지 못했던 마법 같은 일들,
상상 속에서나 존재했던 일들이 벌어지고 있습니다.

아무도 확신하지 못했던
'평창 동계올림픽'의 평화롭고 성공적인 개최,
남과 북이 11년 만에 다시 만난
'남북 정상회담'과 '남북 이산가족 상봉',
그리고 사상 처음으로 성사된 '북미 정상회담'과

이례적인 '한반도 평화를 위한 바티칸 특별 미사'까지….
저는 평화를 위해서는 어디든 달려가는 문재인 대통령을 보며
그저 응원을 하고 싶었습니다.
약간의 위트와 감동을 실은 그림으로 말이죠.

불의로부터 국민을 지키려는 정의와 신념,
국민에게 먼저 다가가 따뜻하게 안아주는
문재인 대통령의 진심을 응원합니다.

사람이 먼저인 세상!
문재인 정부 500일의 아름다운 여정을 한데 담아낸
《상상이 현실이 되는 나라》를 통해
전 세계를 '평화의 길'로 이끌고 있는
문재인 대통령의 '슈퍼 히어로'급 활약상을
여러분과 함께 공감하며 나누고 싶습니다.

감사합니다.

고군

차례

PEACE

02

세상이 바뀐 줄 모르는 진짜 바보들

03

서서히 지워지는 검은 그림자

부록

국민에게 감동 안긴 문재인 대통령의 말과 글

01

달이 뜨면,
꿈★은 이루어진다

그런다고
세상이 바뀌나요?
1987
2018
미안
너무 오래 걸렸지요?

우리가 함께 힘을 모을 때 세상이 바뀐다

#연희의물음 #문프의대답 #우리의희망 #19872018

2018년 1월 7일 서울 용산 CGV,
이제 곧 영화가 시작되려나 보다… 저마다 자세를 고쳐 앉던 그때
생각지 못했던 반가운 얼굴이 깜짝 등장했다!
영화 〈1987〉 상영관을 찾은 문재인 대통령!

영화가 끝난 후 감독, 배우들과 함께 무대에 오른 대통령은
소감을 말해달라는 사회자의 요청에 잠시 말을 잇지 못했다.
그렇게 눈물을 삼키고 전한 메시지!

"가장 마음에 울림이 컸던 대사가 '그런다고 세상이 바뀌나요?'였습니다.
실제로 6월 항쟁, 민주화운동하는 사람들을 가장 힘들게 했던 말이
'그런다고 세상이 달라지냐?' 그런 말이었다고 생각합니다. 지금도
'정권이 바뀌었다고 세상이 뭐 달라졌느냐?' 그렇게들 이야기하는 분들도 있죠.
이 영화는 그 질문에 대한 답이라고 생각합니다. 역사는 금방금방은 아니지만
긴 세월을 두면서 뚜벅뚜벅 발전해오고 있는 겁니다. 우리 함께 힘을 모을 때,
그때 세상이 바뀐다는 것을 영화가 보여주는 것 같습니다."

우리가 함께 힘을 모을 때 세상이 바뀐다!

▶ **관련 보도**

한겨레 2018. 1. 7. 문 대통령 "영화 1987은 '그런다고 세상 바뀌냐'는 질문의 답"

▶ **관련 키워드**

영화 1987, 6월 항쟁

질문
받겠습니다!

질문받겠습니다!

#대통령신년기자회견클라스 #소통하는대통령

대통령이 손으로 지명하고
마지막으로 눈을 맞춘 기자에게 질문권이 주어지는
사전 각본 없는 기자회견!
센스와 웃음이 넘치는 소통의 시간!

2018 신년 기자회견, 그날의 선곡

Track 01 김동률 〈출발〉
: 새로운 출발을 다짐하며!

Track 02 윤도현 〈길〉
: 가야만 하는 길, 혼자가 아니라 여럿이 함께 가자!

Track 03 제이레빗 〈바람이 불어오는 곳〉
: 우리 모두가 함께 가야 할 '그곳'에 대한 기대와 바람을 담아!

소통은 이렇게!
그리고 또 한 사람이 그리워졌던 날!

▶ 관련 보도

서울신문 2018. 1. 10. 수호랑까지 등장한 신년 기자회견 질문권 경쟁… "조율 없는 질문 백악관과도 달랐다"

▶ 관련 키워드

2018 대통령 신년 기자회견

ROKAF T-50
KOREA
TRUMP
100%

문레이서

#평화를위해달린다 #모범운전

"미국은 100% 문재인 대통령을 지지합니다."

평창올림픽의 성공적 개최를 위해
올림픽 기간 중에 있을 한미연합훈련 연기 결정!
자칫 한미 동맹의 균열을 불러올 수 있는 사안을
매끄럽게 해결한 문재인 대통령!
그러자 북측에서도 고위급회담을 수락하는데….

한반도 문제는 우리가 주도권을 갖고 풀어야 한다!
문재인 대통령의 한반도 운전자론!!!

미국의 전폭 지지!
북한의 호쾌한 호응!
한반도 평화를 위해 모범운전하는 문프는
베스트 레이서!

▶ 관련 보도

한국일보 2018. 1. 5. 한국 대화론·미국 제재론 '두 바퀴'… 시동 걸린 한반도 운전자론

▶ 관련 키워드

한반도 운전자론

평화! 평화!
목적지 주변에 도착했습니다.

안전하게 모십니다

#잠시후도착 #이제곧도착 #평화로달려

한반도의 완전한 비핵화를 향해
트럼프와 김정은을 한 차에 태운
한반도 운전자 문재인 대통령!
그러자 꿈쩍 않던 아베까지 움직이기 시작했다!

데면데면 아베와 김정은, 이 둘을 위해
소통의 아이콘 문프가 대화의 물꼬를 터주었으니….

"문 대통령의 성의에 대해 감사를 드립니다."

그러게 진작 따라왔어야지!
아베, 넘어지지 않게 조심히 달려오시게나!

평양냉면과 맥도날드의 콜라보!
한반도에 봄이 온다!
한반도에 평화가 온다!

▶ 관련 보도

오마이뉴스 2018. 4. 30. 트럼프·아베 움직인 한반도 운전자 '문재인의 힘'

▶ 관련 키워드

한반도 운전자론, 문재인 겸양 외교

대한민국의 뿌리를 기억합니다

#중국충칭임시정부청사 #자랑스러운독립유공자와후손들

"임시정부는 우리 대한민국의 뿌리입니다.
우리 대한민국의 법통입니다.
선열들의 독립정신을 잊지 않겠습니다.
우리가 역사를 제대로 기억해야 나라도 미래가 있다고 생각합니다."

2017년 12월 16일,
중국 충칭 대한민국 임시정부 청사
대한민국 대통령 첫 방문!

1945년 11월 3일, 환국을 앞두고
김구 선생과 임시정부 요인들이 기념 촬영을 했던
충칭 임시정부 청사 앞에서
경건한 표정으로 카메라를 마주한
문재인 대통령 내외와 독립유공자 후손들!

기억하겠습니다!

▶ 관련 보도

국민일보 2017. 12. 16. '임시정부 앞에서'… 1945년 김구 선생과 문재인 대통령

▶ 관련 키워드

충칭 임시정부 청사

역사를 잊은 민족에게 미래는 없다
독립만
자주독립
평화, 새로운 시작
대한 독립 만세
평화정의

2018. 3. 1. <3·1절 행진>

행복하자! 아프지 말고!
쓰담~
쓰담~

행복하자! 아프지 말고!

#문재인케어 #좋아요문재인 #성군

2017년 9월 9일에 발표한
문재인 정부 건강보험 보장성 강화 정책!

비급여 문제 해결!
미용, 성형 등 보험대상 제외 항목 외에 모두 건강보험 적용!
대학병원 특진 폐지, 2인실까지 보험 적용!
간병 건강보험 적용하여 보호자 없는 병원 확대!
비보험 진료에 의존하지 않아도 될 적정한 보험 수가 보장!
의료계와 환자가 함께 만족할 수 있도록 의료제도 개선!

필요한 재원은 건강보험 누적 흑자 21조 원 중 절반가량을 활용,
나머지 부족 부분은 국가가 재정을 통해 감당하겠다!!!

"아픈데도 치료를 제대로 못 받는 일이 없도록…
2022년까지 모든 국민이 의료비 걱정에서 자유로운 나라를 만들겠습니다."

국민 부담 최소화하고 국민이 행복해지는 나라를 만드는
좋아요 ♥ 문재인!

▶ **관련 보도**

KBS 2017. 8. 9. 文 대통령 "2022년까지 건강보험 보장성 높여 의료비 걱정 없는 나라 만들 것"

▶ **관련 키워드**

문재인 케어, 문재인 정부 건강보험 정책

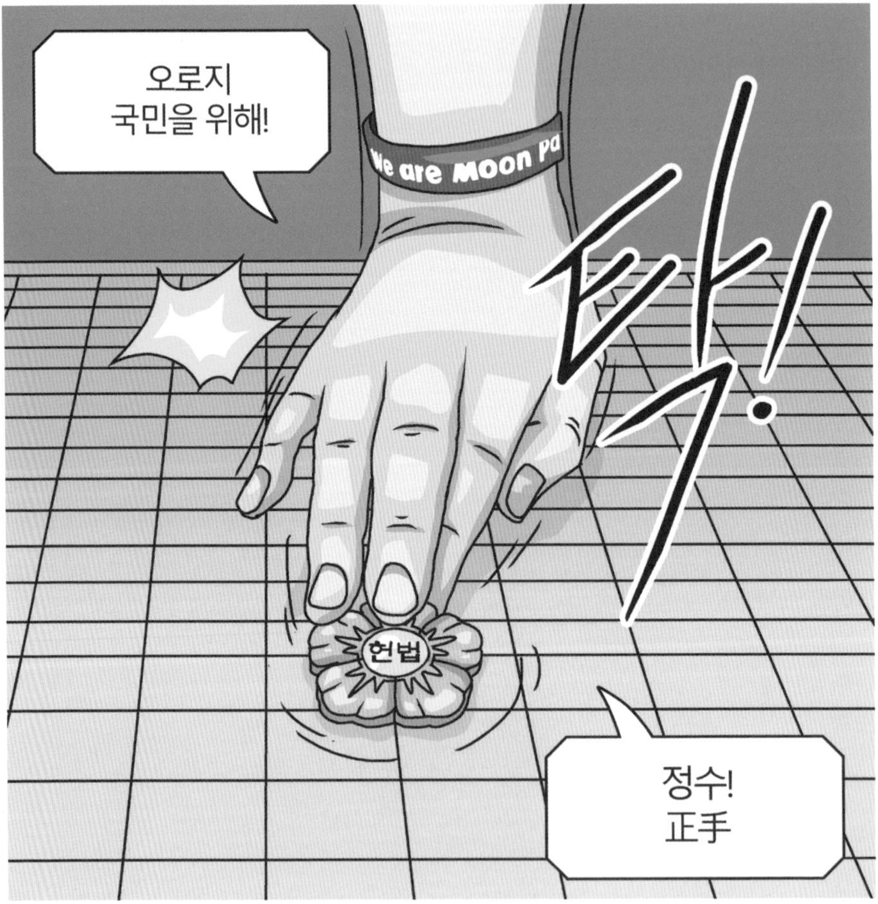
오로지
국민을 위해!
We are Moon Pa
탁!
헌법
정수!
正手

"개헌은 헌법파괴와 국정농단에 맞서
나라다운 나라를 외쳤던 촛불광장의 민심을
헌법적으로 구현하는 일입니다.
지난 대선 때 모든 정당, 모든 후보들이
지방선거 동시투표 개헌을 약속한 이유입니다.
그러나 1년이 넘도록 국회의 개헌 발의는
아무런 진척이 없었습니다."

- 2018. 3. 26. 국민개헌안 발표 문재인 대통령 SNS 메시지 中 -

지난 6월 지방선거 동시투표 개헌은
많은 국민이 국민투표에 참여할 수 있는 것은 물론
그것이 실현된다면 다음부터는
대선과 지방선거 시기를 일치시켜
전국 선거의 횟수를 줄이고 국력과 비용 낭비를 막을 수 있는
두 번 다시없을 절호의 기회였다.

대통령이 야당의 강한 반대를 무릅쓰고
헌법 개정안을 발의한 이유!

또한 대통령은 자신에게 돌아오는 이익을 스스로 차단하고
오히려 대통령의 권한을 국민과 지방과 국회에 내어놓았다.

헌법은 한 나라의 얼굴!
그 나라 국민의 삶과 생각이 담긴 그릇!
한 계단씩 차근차근
대통령의 개헌안을 지지합니다!

[계단에서 개헌을 논하다]

대통령 4년 연임제
수도를 법률로 규정
국회의원 국민소환제
감사원의 독립성 강화
국회 예산심의권 강화
국민 법안 발안제 신설
대통령의 특별사면권 제한
헌법 전문에
마항쟁 포함
대통령 선거
투표제 도입
제2국무회의
회의체 신설
헌법 전문에
주 항쟁 포함
소상공인 보호,
근거 조항 신설
헌법 전문에 5.1
주화운동
소비자 권리로 신

나는 그대들을 사랑합니다!
그대들도 나를 사랑합니까?
나는 문재인을 지지합니다
사람이 먼저다 문재인
Korea
공사중
가지산도

2017. 11. 24. <지진 피해 현장 점검 중 포항여고 깜짝 방문>

발리에서 생긴 일

#사람이먼저다 #발리화산폭발 #귀한국민 #무사귀환

2017년 11월 28일,
인도네시아 발리에서 일어난 화산 분화!
우리 국민들의 안전한 귀국을 위해
290석 전세기를 급파한 문재인 대통령!

발리에 발이 묶였던 266명의 우리 국민
아시아나 긴급 전세기 타고
12월 1일 인천공항에 무사 귀환!

'이게 나라냐?' 외침을
'이제 나라다운 나라'로 바꾼
대통령의 발 빠른 대처!

▶ **관련 보도**

중앙일보 2017. 11. 30. 문 대통령이 지시한 발리 '화산 폭발' 관광객 귀국 지원 전세기 출발

▶ **관련 키워드**

발리 화산 폭발 전세기

툭!
평창

평화

PyeongChang 2018™
PEACE
KOREA
하나된
하나된
JAMAICA

2018. 2. 9. - 2018. 2. 25. <2018 평창 동계올림픽대회>

왕세제의 환대

#바라카원전 #성공적건설 #자랑스러운대한민국

한국과 아랍에미리트 양국 원전 협력의 첫 번째 결실!
세계 최대 규모의 원전 사업 프로젝트인
바라카 원전 1호기의 성공적 건설을 축하하기 위해
아랍에미리트를 공식 방문한 문재인 대통령!

바라카 원전은
아랍에미리트의 첫 원전이자 중동 최초의 원전!
또한 우리나라가 처음으로 해외 수출한 원전!
사막의 열악하고 독특한 환경을 극복하고
성공적인 원전 건설을 이뤄낸 것은
양국 노동자, 기업, 정부 모두의 노력!!!

무함마드 왕세제는 문 대통령 부부를 왕세제 사저로 초청하는가 하면
사막 유목민인 베두인 문화 체험까지… 이례적 환대로 맞아주었다.

"신은 두 나라를 만나게 해주었고, 친구 사이로 만들어주었다!"

자랑스러운 대한민국! 자랑스러운 문프!

▶ **관련 보도**

한겨레 2018. 3. 27. 왕세제 사저 초대·사막체험 배려… UAE, 문 대통령 '이례적' 환대

▶ **관련 키워드**

문재인 대통령 UAE 바라카 원전 방문

문재인

부대 편히 쉬어, 명령이다!

#특전사선배스케일이정도 #보고있나503 #태양의후예실사판

그냥 대통령이 아니라 공수 130기 공수특전단 출신 대통령!
드라마 〈태양의 후예〉의 배경으로 알려진 아크부대 방문!

대통령의 방문에 한껏 긴장한 부대원들을 향해
"부대 편히 쉬어, 명령이다!"
호탕한 첫 명령 이후 대통령이 내린 진짜 명령은 바로,

"아크부대 임무 못지않게 여러분 개개인에게 중요한 임무가 또 있습니다.
사랑하는 가족에게 돌아가는 것입니다. 다들 건강한 몸과 마음으로
조국과 사랑하는 가족에게 복귀하는 것이
여러분에게 주어진 또 하나의 중요한 임무입니다.
그 임무를 기필코 완성할 것을 대통령으로서 명령합니다."

아랍에미리트 군합동항공사령부 안에 위치한 아크부대는
대한민국 군의 자랑이자 한국과 아랍에미리트 협력의 상징!
우리 아크부대원들, 고맙습니다!!!

▶ **관련 보도**

뉴스1 2018. 3. 27. "부대, 편히 쉬어"… 아크부대 방문한 文 대통령 '특전사 면모'

▶ **관련 키워드**

문재인 대통령 아크부대 방문, 문재인 대통령 태양의 후예 아크부대

인간의 존엄함을 꽃피울 수 있도록

#제주4·3의아픔 #동백으로피어날수있도록

이른바 빨갱이로 몰려
차가운 땅 위에 빨갛게 으스러졌던 사람들.
그들이 동백으로 피어나길 바라는 마음으로
매년 4월 함께 아파하는 제주도민들.

가슴에 동백 배지를 달고
제주 4·3 희생자 추념식에 참석한 문재인 대통령!
국가 폭력에 의한 무고한 양민들의 희생을 기억하고
국가 권력이 가한 폭력의 진상을 밝혀
명예를 회복할 수 있도록 하겠다는
대통령의 약속!

평화의 섬 제주의 봄날!

▶ **관련 보도**

한겨레 2018. 4. 3. 제주 4·3사건, 노무현이 사과하고 문재인이 매듭지었다

▶ **관련 키워드**

문재인 대통령 제주 4·3 희생자 추념일 추념식 참석

정의롭고 공정한 나라를 만들겠습니다

#4·19혁명정신 #잊지않겠습니다 #기억하겠습니다

이승만 대통령의 장기집권에 따른 독재와
부정부패에 대한 국민적 분노가
1960년 3월 15일 정·부통령 선거에서의 부정과
부정 선거 규탄 시위 도중 사망한
마산상고생 김주열 군 시신 유기로 인해 폭발!
4월 18일 고려대학교 학생 시위를 시작으로
이튿날 전국 규모의 시위로 확산되었던 4·19 혁명!

민주주의 토착화를 위한 투쟁!
부당한 정치 권력에 대한 국민의 저항권 행사!
오늘날 대한민국 헌법은
바로 그 4·19 혁명 정신을 계승하고 있음을 기억합니다!

2018년 4월 19일 이른 아침,
1960년 4·19 혁명 때 희생된 224분을 모신
국립 4·19 민주묘지를 참배한 문재인 대통령!

"4·19 혁명의 정신으로 정의롭고 공정한 나라를 만들겠습니다."

▶ 관련 보도

연합뉴스 2018. 4. 19. 문 대통령 "4·19 정신으로 정의롭고 공정한 나라 만들겠다"

▶ 관련 키워드

문재인 대통령 4·19 민주묘지 참배

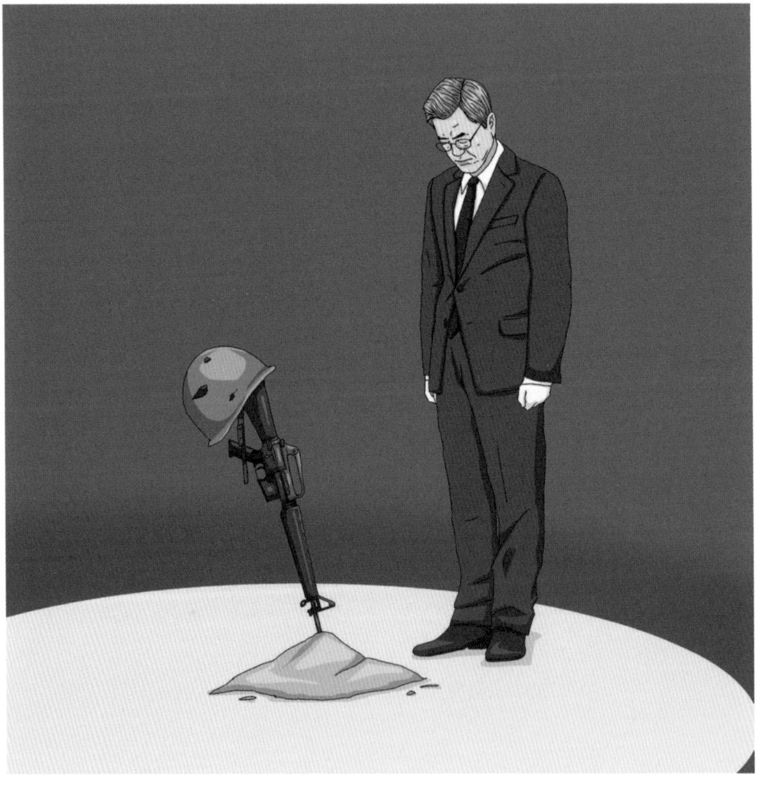

428030

#63번째현충일 #희생과헌신

428,030명.
10개의 국립묘지에 안치된 안장자 수.
수많은 분들의 희생과 헌신으로
오늘의 대한민국이 되었습니다.

"428030, 대한민국의 이름으로 당신을 기억합니다."

국가를 위해 희생하고 헌신하다 영면하신
모든 분들을 기억하고 추모합니다.

▶ **관련 보도**

청와대 뉴스룸 2018. 6. 6. 제63회 현충일 추념식 : 428030, 대한민국의 이름으로 당신을 기억합니다

▶ **관련 키워드**

제63회 현충일 추념식

대한민국의 이름으로 문재인을 기억합니다
독립유공자 및 유족 초청 오찬
대한민국의 이름으로 당신을 기억합니다

대한민국의 법통을 세운 역사

#국가유공자유족초청오찬 #나라다운나라

"독립운동으로 나라를 찾고
임시정부로 대한민국의 법통을 세운
자랑스러운 조국의 역사는
바로 이 자리에 계신 여러분이 만든 것입니다."

2018년 광복절을 하루 앞두고
애국지사 13명과 국내외 독립유공자 후손 220명을
청와대로 초청해 오찬을 함께한 문재인 대통령.

독립운동은 오늘의 대한민국을 있게 한 힘이자 정신!
선열들의 독립운동은 민족의 자존을 세우는 일!
모든 사람이 평등하다는 외침!
보훈은 강한 국가를 만드는 뿌리!

대한민국의 이름으로 당신을 기억합니다!
또한 우리는 대한민국의 이름으로
우리가 선택한 대통령 문재인을 기억할 것입니다.

▶ **관련 보도**

한겨레 2018. 8. 14. 문 대통령 "대한민국 법통 세운 역사, 독립운동가가 만든 것"

▶ **관련 키워드**

독립유공자 유족 오찬

2018. 4. 5. <식목일 기념 식수>

2018. 5. 5. <어린이날 기념 명랑 운동회>

기대되는 순성 한 바퀴

#서울을한눈에 #기대되는인왕산뷰

1968년 1월 21일 북한 무장 게릴라 31명이
청와대를 기습하기 위해 서울에 침투한 1·21 사태.
무장 게릴라들이 산길 따라 세검정 고개까지 침투했던 이 사건 이후
인왕산은 청와대 방호를 위해 출입이 통제되었다.

1993년 문민정부 출범 이후 일부 개방이 되었지만
여전히 시민들의 접근이 자유롭지 못했던 인왕산 지역이
2019년 상반기까지 완전히 개방될 계획이라는 소식!
청와대 앞길 24시간 개방에 이어 또 한 번의 '열린 청와대' 방침!

수려한 경관과 한양도성이라는 문화유산이
한데 어우러진 인왕산!
불필요한 시설은 철거하고, 막혀 있던 샛길은 다시 트고,
한양도성 순성길은 원형에 가깝게 복원되어
이제 곧 우리 곁으로 돌아옵니다!

▶ 관련 보도

연합뉴스 2018. 5. 3. 청와대, 경호 목적 통제 인왕산길 50년 만에 완전 개방한다

▶ 관련 키워드

인왕산길 완전 개방

자주외교와 한미우호의 상징,
우리가 기억해야 할 자랑스러운 역사입니다.

되찾은 주미대한제국공사관

#5달러에빼앗긴공사관 #우리힘으로되찾은문화유산

미국 워싱턴에 위치한 옛 주미대한제국공사관!
1889년 2월 우리 역사상 최초로 서양 국가에 설치한 외교공관이자
해외에 있는 근대기 우리 외교공관 중 원형을 간직한 유일한 단독 건물!
또한 미국 워싱턴에 남아 있는 19세기 외교공관 중
내·외부의 원형을 유지하고 있는 유일한 건물!

그러나 1910년 9월
공사관 건물을 5달러에 강제 매입한 일본은
한 미국인에게 단돈 10달러에 팔아넘겼다!!!
이후 제2차 세계대전 기간 중 아프리카계 군인들의 휴양 시설,
화물운수노조 사무실, 개인주택 등으로 사용되었는데….

일본에 빼앗긴 지 102년 만인 2012년 10월
문화재청에서 350만 달러에 매입!
2018년 2월까지 건물 보수와 복원공사 진행!
그리고 지난 5월 22일, 한미 정상회담을 위해
워싱턴을 방문한 문재인 대통령 부부가 참석한 가운데 재개관!

"자주외교와 한미우호의 상징, 우리가 기억해야 할 자랑스러운 역사입니다."

▶ **관련 보도**

오마이뉴스 2018. 5. 23. 문재인 대통령이 주미대한제국공사관을 방문한 이유

▶ **관련 키워드**

문재인 대통령 주미대한제국공사관 방문

돌봄교사 이니

#어린이의벗 #문프는내친구 #일일돌봄교사문재인

2018년 4월 4일 서울 성동구 경동초등학교를 방문,
온종일 돌봄정책 간담회 진행에 앞서
아이들의 일일 돌봄교사가 된 문재인 대통령!

"우리 사회의 저출산 문제 해결,
일-가정 양립 등 사회 변화에 맞춰 나가기 위해서는
한 명의 아이도 방치되지 않아야 합니다."

저출산 및 여성의 경력 단절 문제는 물론
사교육에 의존하지 않고
아이들이 안전한 환경에서 건강하게 성장할 수 있도록
국가가 앞장서겠다는 대통령의 의지!
사람을 먼저 생각하는, 역시나 문프!

▶ **관련 보도**

한국경제 2018. 4. 5. 문재인 대통령, 배우 장신영과 일일 돌봄교사로… 어린이 눈 맞추며 물개박수

▶ **관련 키워드**

문재인 돌봄교사, 문재인 초등 돌봄, 온종일 돌봄정책

공공언어 좀 더 쉽게!
알려드릴까요?
침류각
1900년대 건축으로 규모는 ...
굴도리?
세벌대기단?
집, 겹처마?
팔작지붕?
탁탁
참 쉽죠?
문재인
떠드는 사람
503. 7/6

우리 한글로, 쉽고 명확하게

#공공언어 #국민이원하는정보를담아야 #센스넘치는문프

도종환 문화체육관광부 장관의
'공공언어 개선 추진 방안'을 듣던 문 대통령이
화면에 사진 한 장을 띄웠다!
청와대 내에 자리한 1900년대 초 전통가옥
서울유형문화재 '침류각'의 안내 문구!

"세벌대기단, 굴도리집, 겹처마, 팔작지붕, 오량가구, 불발기를 두고 있고
상하에 띠살, 교살, 딱지소, 굴도리… 혹시 도 장관님, 뜻을 한번 설명하실 수
있겠습니까? 전통가옥 연구자들에게는 관심사일지 몰라도 일반 국민에게
무슨 관심이 있겠습니까. '이게 무슨 용도로 만들어졌을까? 언제? 왜 이게 지금
청와대 안 이 자리에 있지?' 그런 의문에 대해서는 한마디도 없습니다."

주변에서 쉽게 발견할 수 있는 불친절한 공공 안내판.
여기에 새롭게 나오는 영어 용어, 한자식 표현과 조어까지….
국민의 호기심과 눈높이를 고려한 친절한 공공언어가 필요하다!
최대한 우리 한글로, 쉬운 용어로 표현하고
용어가 없거나 우리 말로 옮기기 어렵다면
각주라도 달자는 대통령의 제안!
이런 센스! 이니 센스!

▶ **관련 보도**

연합뉴스 2018. 5. 29. 문 대통령 "오량가구 뜻 설명할 수 있나요?" 공공언어 개선 강조

▶ **관련 키워드**

문재인 대통령 공공언어 개선 강조

봄이 오고...
가을이 가면...
평화가 온다!

봄이 오고, 가을이 가면…

#남측예술단평양공연 #봄이온다 #남북예술인연합무대 #우리는하나

2018년 4월 1일

남북평화 협력 기원 남측 예술단 평양 공연 〈봄이 온다〉.

2018년 4월 3일

남북 예술인들의 연합 무대 〈우리는 하나〉.

다시 만납시다!

음악으로 하나 된 남과 북, 함께 부르는 노래!

한반도에 찾아오고 있는 봄, 평화의 봄!

▶ **관련 보도**

연합뉴스 2018. 4. 3. 8천만이 함께 부른 통일노래… 평양 남북합동공연 '감동의 무대'

▶ **관련 키워드**

남측 예술단 평양 공연 봄이 온다, 남북 예술인 연합 무대 우리는 하나

‘평화의 장인’이 되어주세요

#평화를갈망하는 #한민족을위해기도

남북 정상회담 성공을 위해
모두가 함께 기도하자는
프란치스코 교황의 평화 메시지!

“하느님은 모든 이들의 아버지이시고 평화의 아버지이시므로,
모든 이들의 아버지이신 하느님께
남과 북에 있는 모든 한민족을 위해 기도를 바칩시다.”

아멘.

▶ **관련 보도**

청와대 뉴스룸 2018. 4. 26. 프란치스코 교황이 보내온 평화 메시지

▶ **관련 키워드**

프란치스코 교황 남북 정상회담 평화 기도

미꾸라지 한 마리가…

#고위급회담취소 #이간계 #존볼턴

2018년 5월 16일,
한미 연합 공중 훈련 '맥스선더'와
태영호 전 주 영국 북한 공사의 국회 기자회견을 이유로
남북 고위급회담 취소를 선언한 북한!
그리고 일주일이 지난 5월 24일,
트럼프는 북미 정상회담 취소 서한을 작성했다.

이게 다 미꾸라지 한 마리 때문!
핵 폐기가 우선되어야 하며
북한이 먼저 회담을 취소할지도 모른다고 주장한
미 백악관 국가안보보좌관 존 볼턴!

어디서 감 놔라, 배추 놔라!
시대가 어느 때인데 이간계야!

▶ 관련 보도

국민일보 2018. 5. 25. NBC "트럼프 움직이게 한 사람은 볼턴" 북미회담 취소 배경 밝혀

▶ 관련 키워드

남북 고위급회담 취소, 북미 정상회담 취소

세기의 돌+i 원투

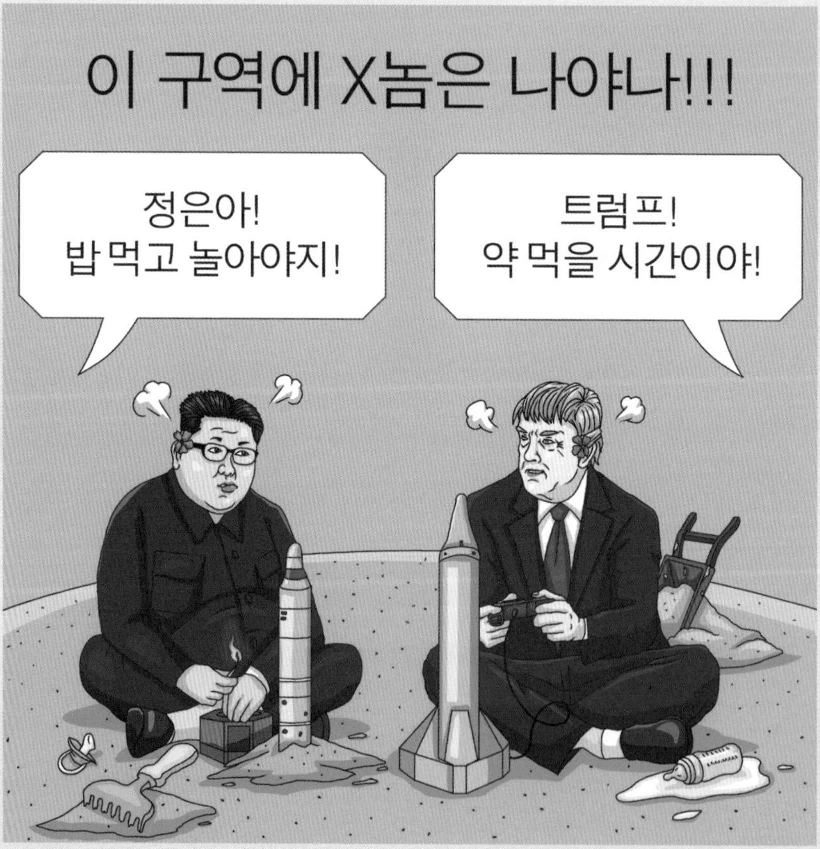
이 구역에 X놈은 나야나!!!
정은아! 밥 먹고 놀아야지!
트럼프! 약 먹을 시간이야!

우리 아이가 달라졌어요!

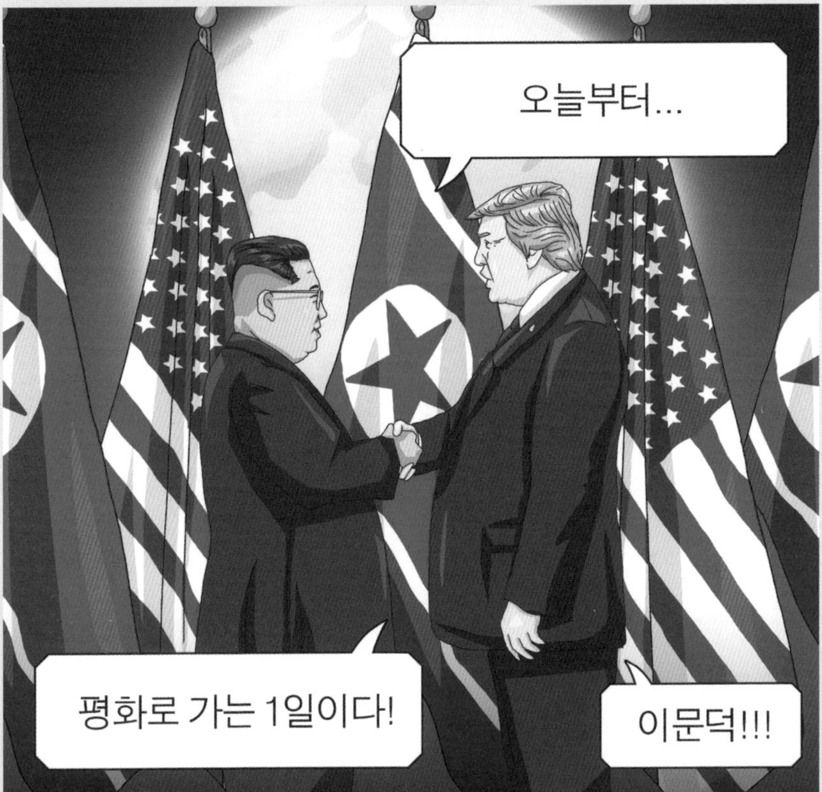
오늘부터...
평화로 가는 1일이다!
이문덕!!!

핵
전쟁
분단

핵·전쟁·분단, 모두 팡!

세계가 주목한 시간!

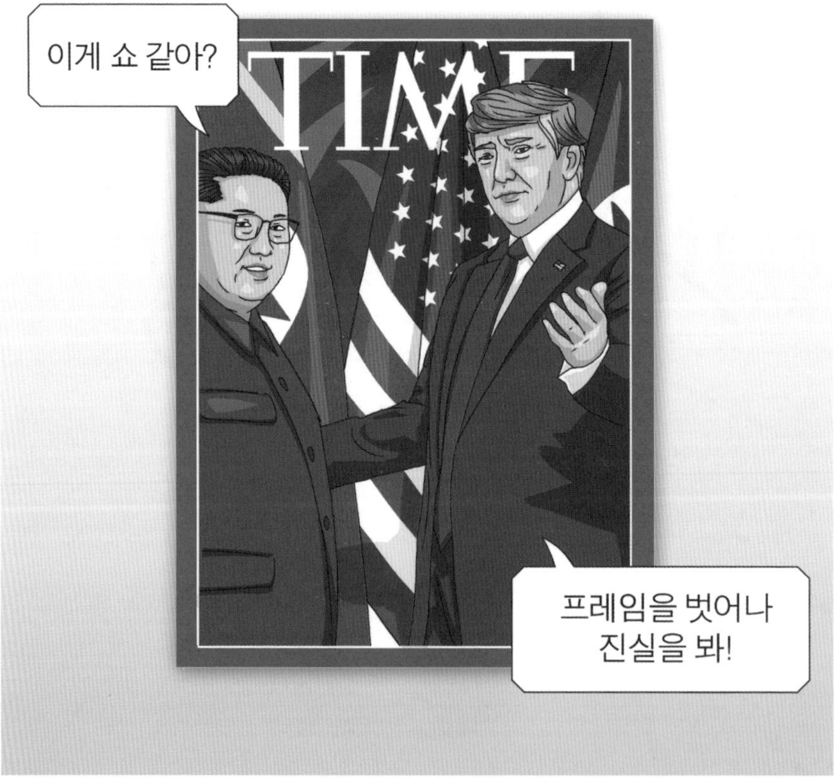
이게 쇼 같아?
TIME
프레임을 벗어나
진실을 봐!

문프의 빅 픽처!

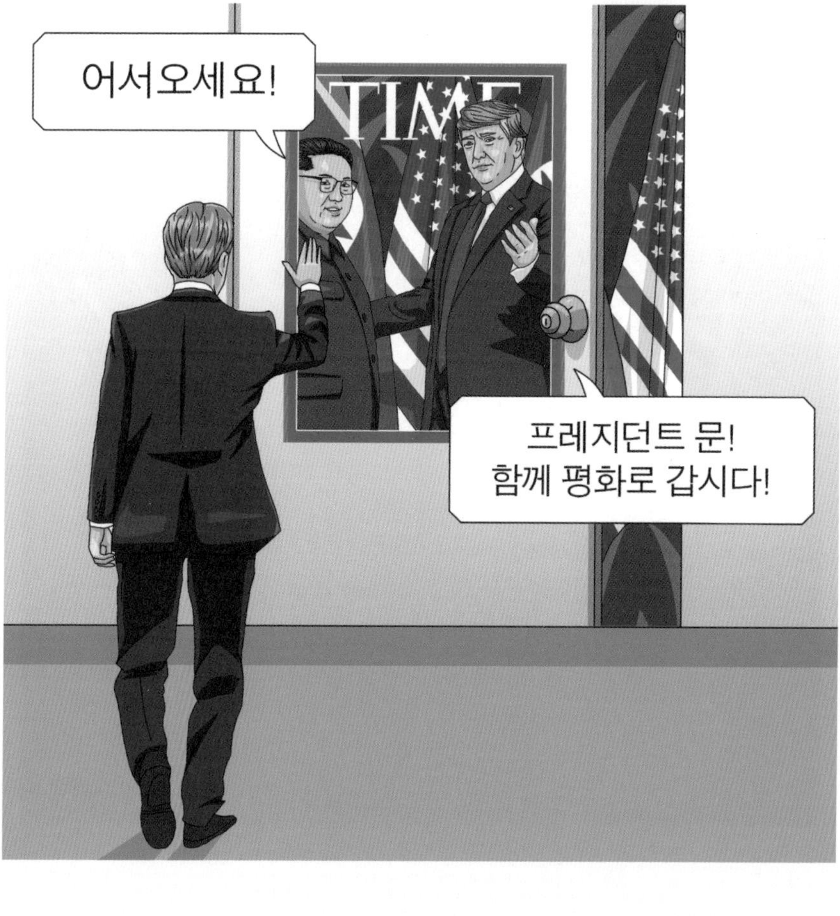
어서오세요!
TIME
프레지던트 문! 함께 평화로 갑시다!

평화와 번영을 위해, 슛!

철조망을 가르고 장벽을 허물다!

파이팅! 대한민국!

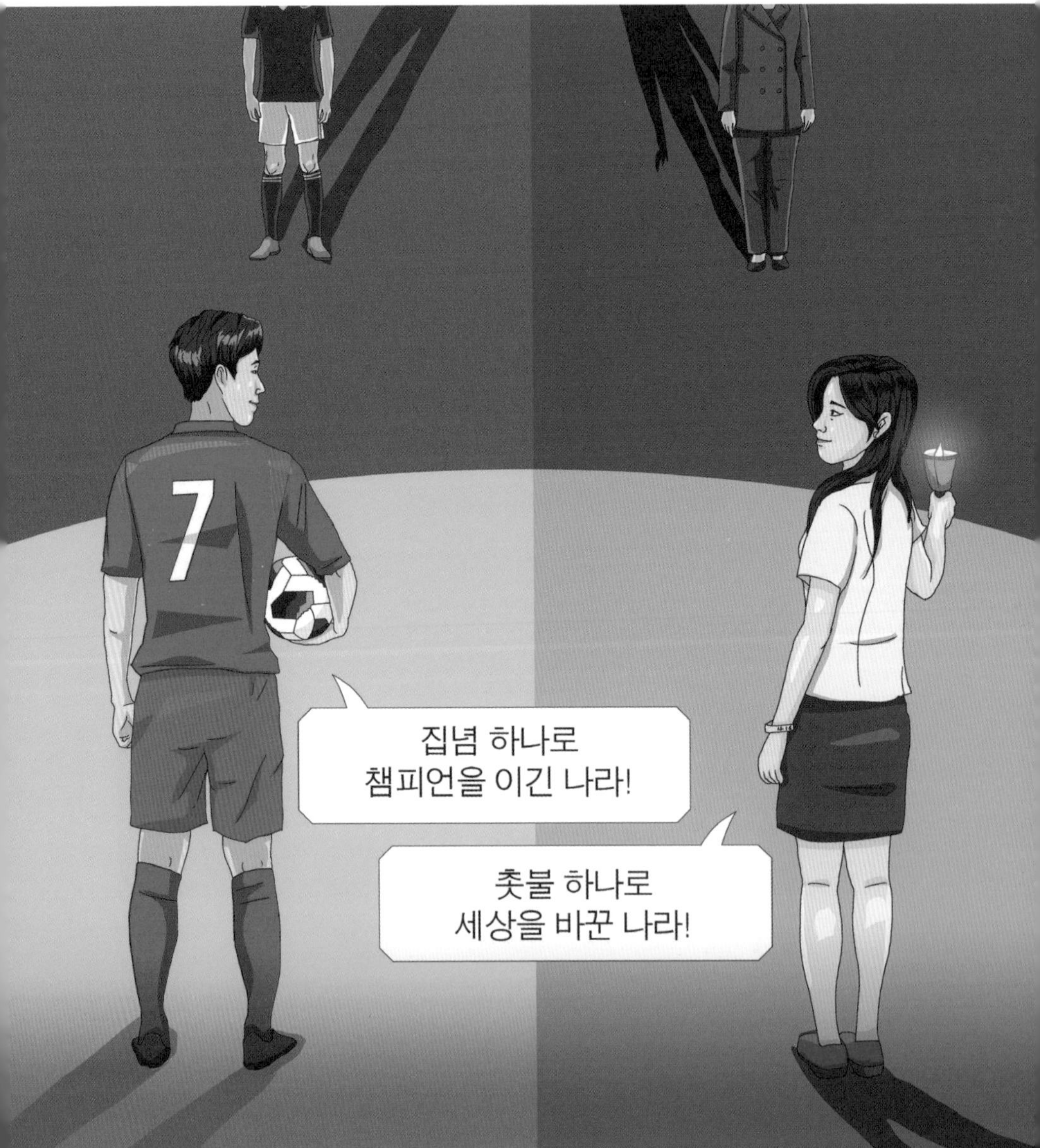
집념 하나로
챔피언을 이긴 나라!
촛불 하나로
세상을 바꾼 나라!

남북회담에
마술사를 부른 이유…
남한 최고의 마술사님이십니다!
핵을 사라지게 해주세요!
비둘기만 준비했는…
나 지금 나가?
꿀꺽!

살아 있어줘서
고맙습니다.

살아 있어줘서… 고맙습니다

#제21차이산가족상봉행사 #감격의재회

길게는 70여 년
피붙이 가족을 볼 수도, 매만질 수도 없었던 사람들!
긴긴 기다림 끝에 2018년 8월 24일
그토록 보고팠던 가족을 부둥켜안았다.

"살아 있어줘서 고맙습니다."

짧았던 2박 3일.
다시 만날 수 있을까?
기약 없는 이별 앞에서
"꼭 다시 만나자!"
거듭 다짐을 하는데….

"통일 전에 언니 죽으면…."
"내 죽지 않아!"

꼭 다시 만날 겁니다.
평화가 오고 있으니까요.

▶ **관련 보도**

연합뉴스 2018. 8. 24. '살아 있어 고마워'… 이산가족 2차 상봉단, 단체상봉 종료

▶ **관련 키워드**

남북 이산가족 상봉

못다 이룬 가치

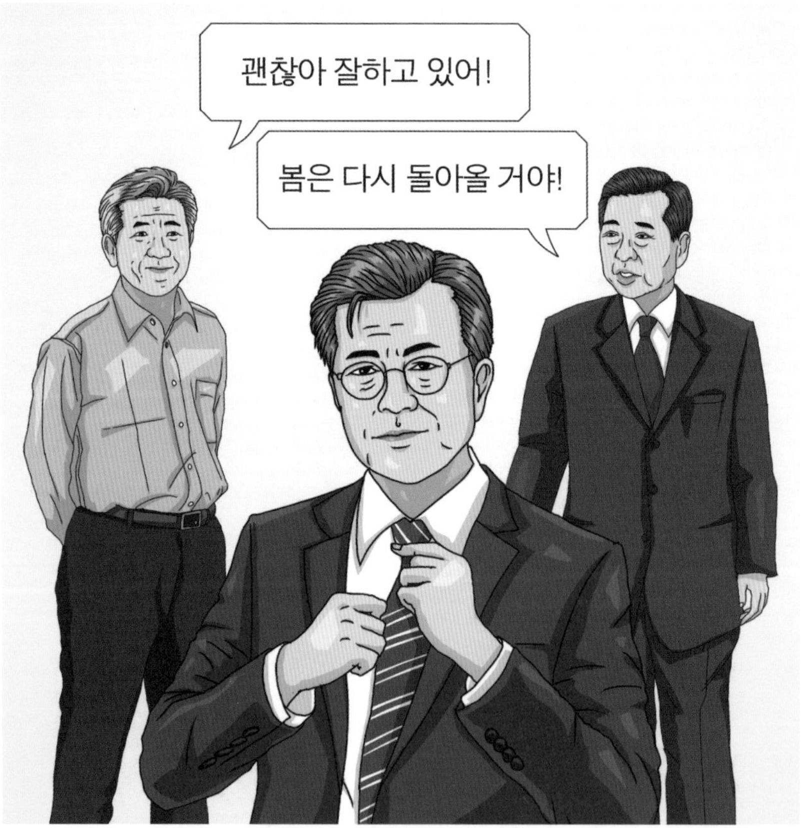
괜찮아 잘하고 있어!
봄은 다시 돌아올 거야!

함께 이룰 평화

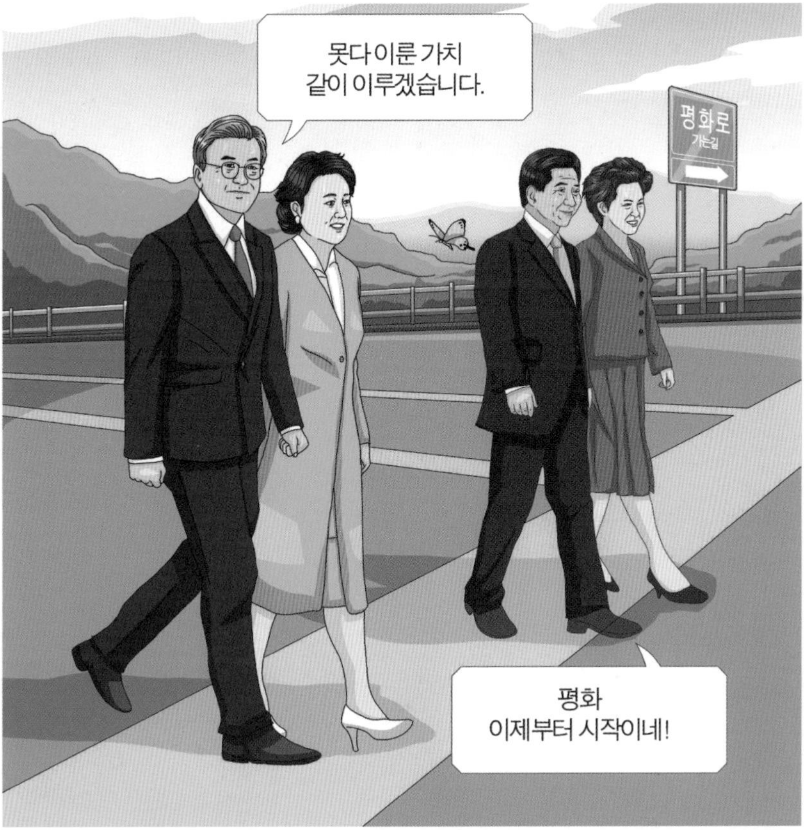

못다 이룬 가치
같이 이루겠습니다.
평화로
가는길
평화
이제부터 시작이네!

2017. 5. 23. <노무현 전 대통령 8주기 추도식>

I Want to Hold Your Hand

평화로 가는 길

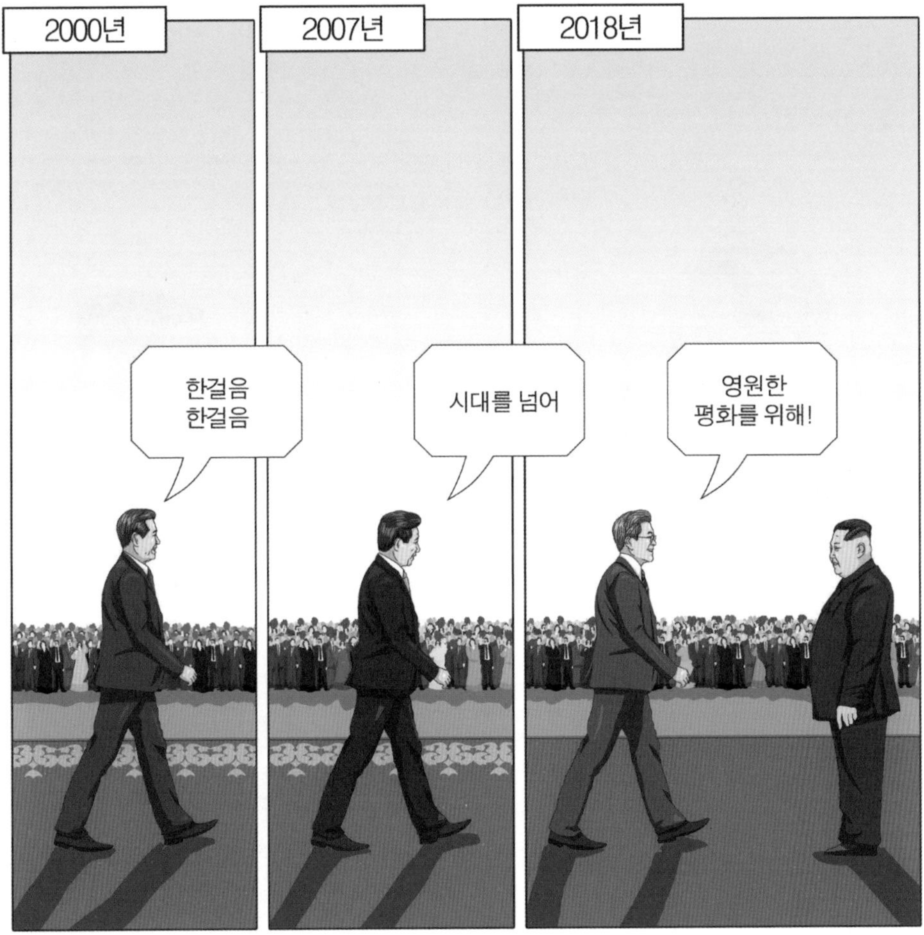
2000년
한걸음
한걸음
2007년
시대를 넘어
2018년
영원한
평화를 위해!

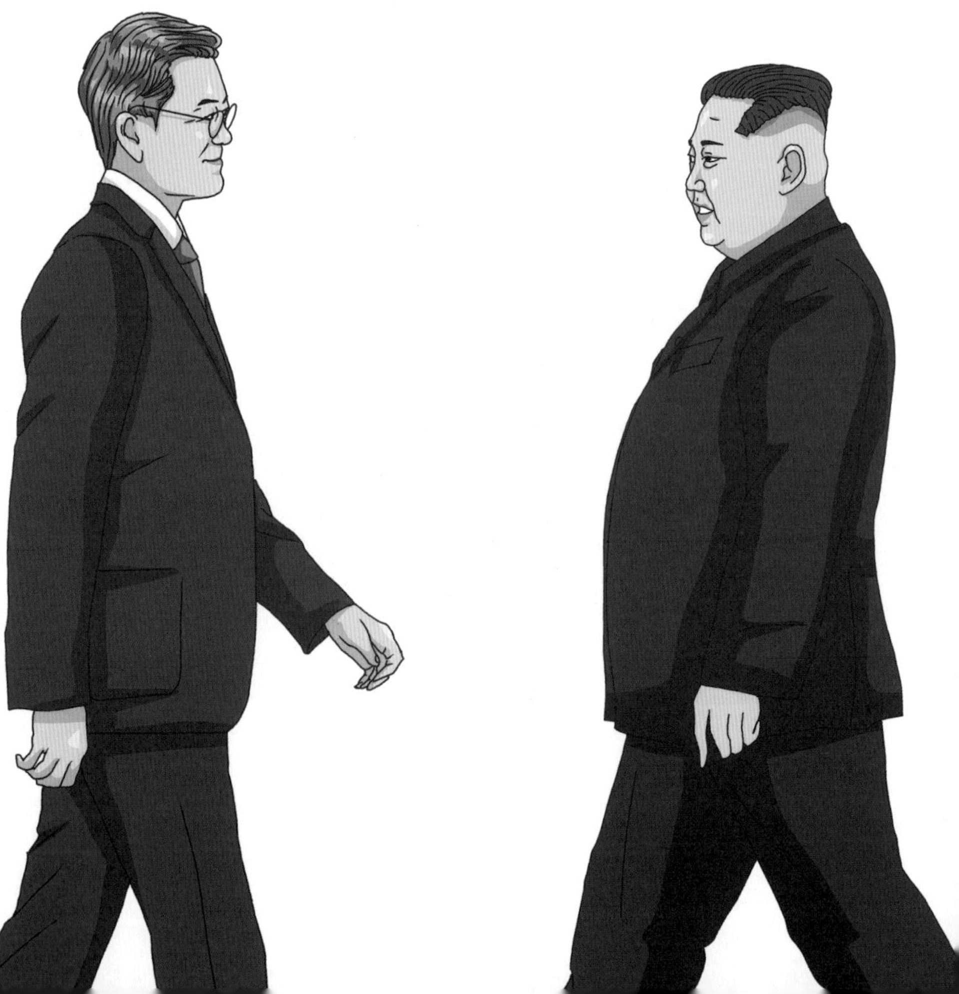

평화, 새로운 시작

평화,
새로운 시대

평화, 새로운 미래

#위아더퓨처 #남북통일 #미래로 #평화로 #종전의그날로

2018년 4월 27일,
군사분계선을 사이에 두고 마주선
문재인 대통령과 김정은 국무위원장.

반가운 악수
그리고
서로의 손을 잡고
월경(越境).

한반도의 비핵화와 종전을 넘어
우리가 하나 되는 꿈,
그 꿈에 한 발짝 다가섬을 보았습니다.

꿈★은 이루어진다!
문프와 함께
평화, 새로운 미래가 열립니다!

▶ 관련 보도

한국경제 2018. 4. 28. 군사분계선 악수에서 '판문점 선언'까지… 남북 정상회담 잊지 못할 순간들

▶ 관련 키워드

2018년 남북 정상회담, 4·27 판문점 선언

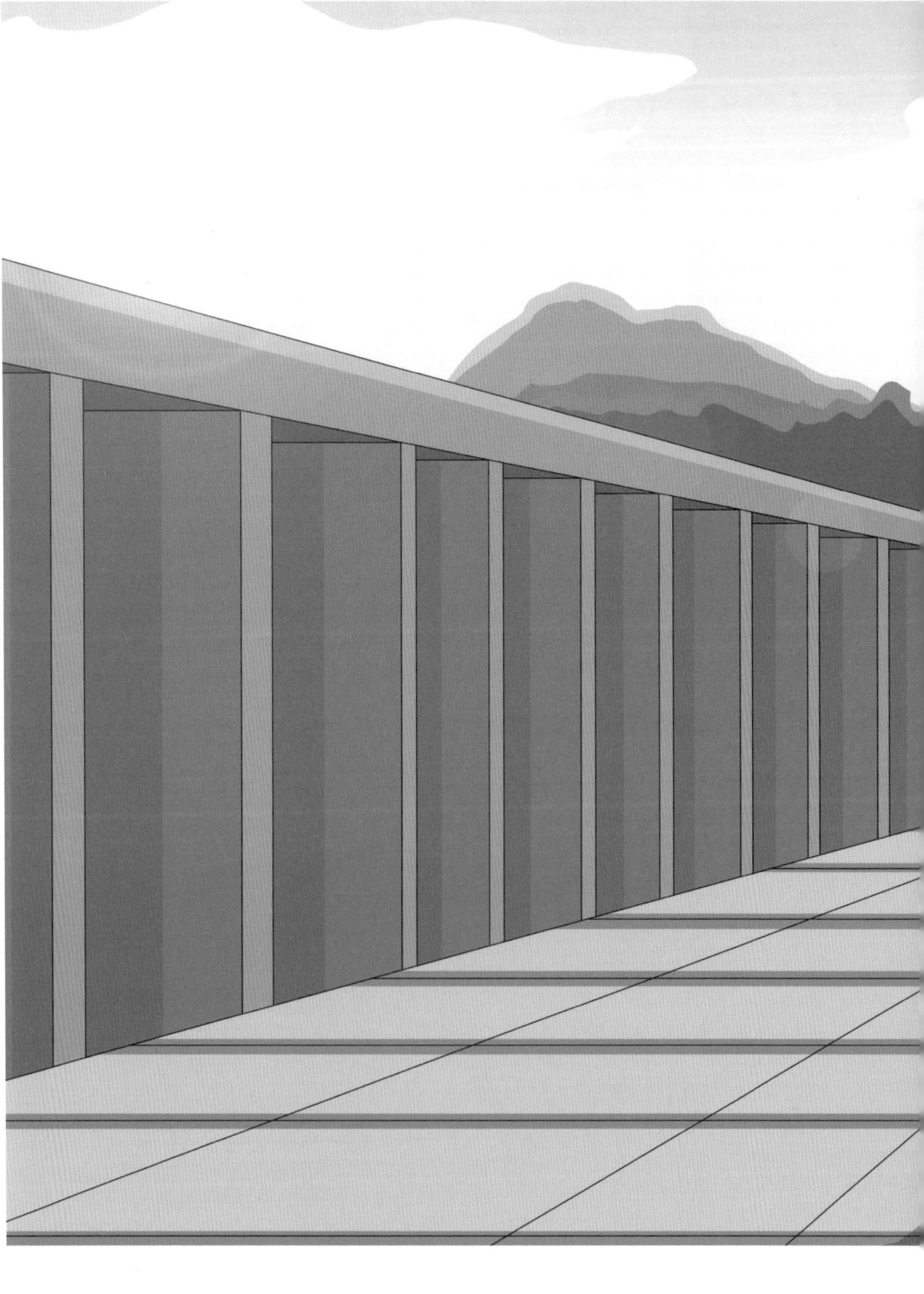

2018. 4. 27. <도보다리의 추억>

우리 민족은 함께
살아야 합니다!

우리 민족은 함께 살아야 합니다

#평양에서백두까지 #동행 #정상의약속 #꿈은이루어진다

4·27 판문점 선언에 이은 9·19 평양 공동선언!
핵무기도, 핵 위협도 없는 평화의 땅 한반도를 향한
또 한 번의 약속!

"우리는 5천 년을 함께 살고 70년을 헤어져 살았습니다.
다시 하나가 되기 위한 평화의 큰 걸음을 내딛자고 제안합니다."

15만 평양시민 앞에서 연설한 문재인 대통령!
평양시민들의 환영과 박수 세례!
전 세계가 놀란 배려와 환대의 순간!

사실상의 종전 선언!

▶ **관련 보도**

JTBC 2018. 9. 21. '평양에서 백두까지'… 역사에 남을 정상회담 '명장면'

▶ **관련 키워드**

2018년 남북 정상회담, 9월 평양 공동선언

당신이 못다 이룬 꿈!
이어갈 것입니다.

정상에 오른 정상

#평화가먼저다 #맞잡은손 #우리함께 #새로운미래

그가 길을 열고
그가 길을 만들어
그가 정상에 올랐다!

서울에서 평양까지,
평양에서 백두까지,
이제 백두에서 한라로 나아갈 차례!

한반도의 북쪽 경계선 끝자락
그 정상에 다다른 문프!

"동해물과 백두산이 마르고 닳도록…."

입에서 애국가 첫머리가 절로 나오던 그날!
이로써 새로운 역사가 시작되었다!

못다 이룬 꿈이 아니라
함께 이룬 꿈이 되게 할 것입니다!

▶ 관련 보도

중앙일보 2018. 9. 20. 노무현-김정일 합의한 서울-백두산 항로, 문재인-김정은이 뚫었다

▶ 관련 키워드

2018년 남북 정상회담, 남북 정상 백두산 천지 산책

여성·평화·안보에 앞장서다

국제사회의 여성, 평화, 안보 논의에 적극 참여하고, 분쟁 지역의 성폭력을 철폐하기 위한 국제 사회의 노력에도 함께할 것입니다.

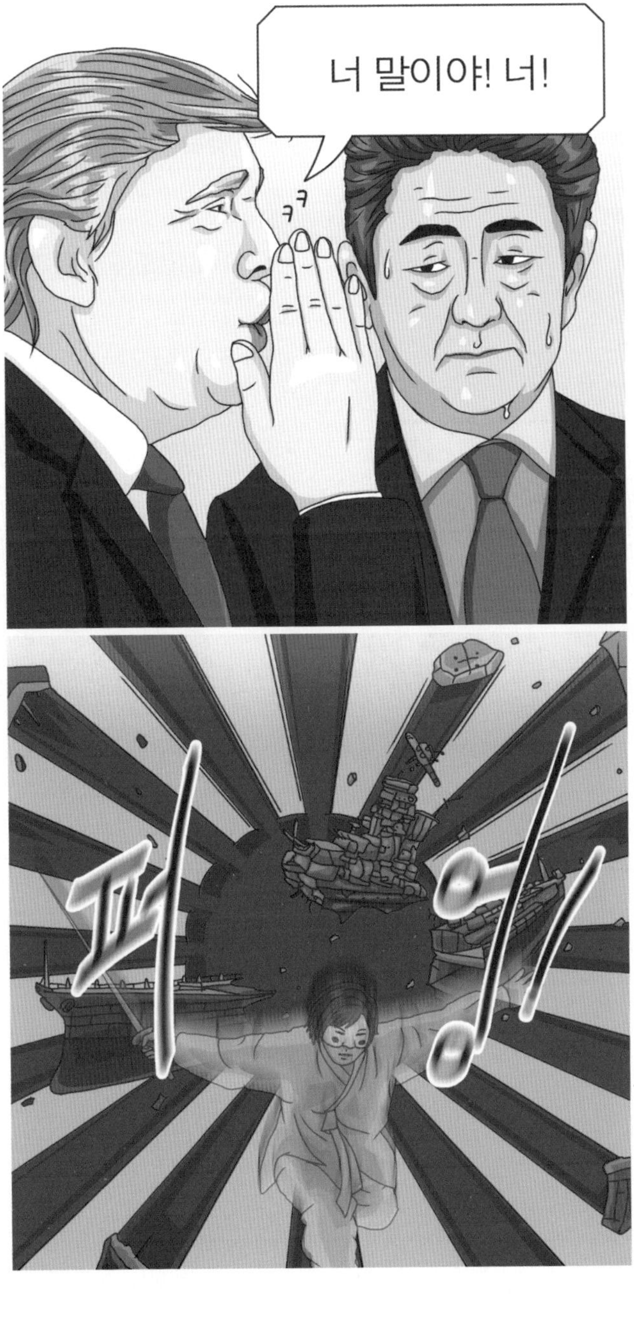
너 말이야! 너!
ㅋㅋ
펑!!

훈훈한 한불 정상회담

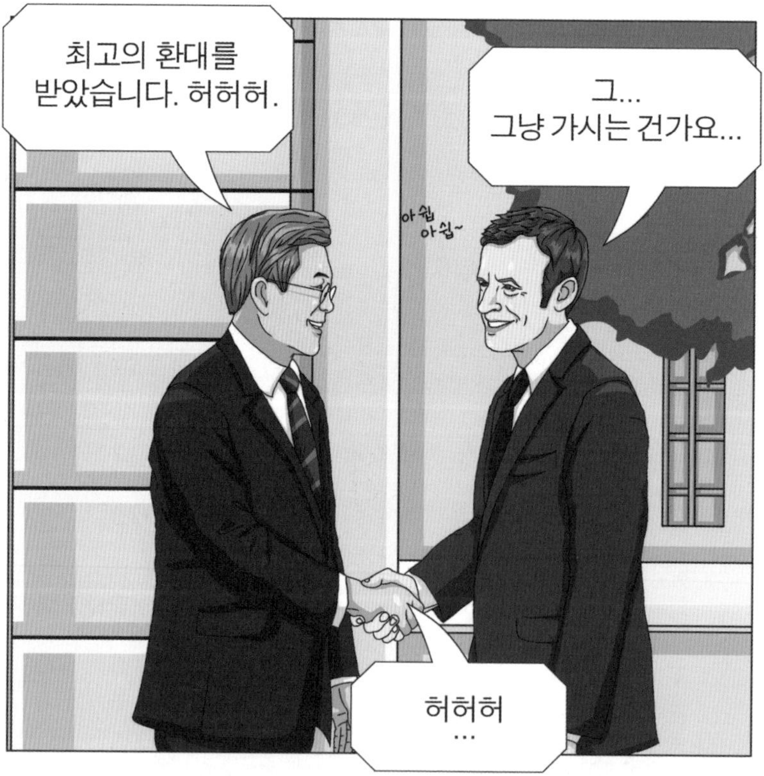

최고의 환대를 받았습니다. 허허허.
그... 그냥 가시는 건가요...
아쉽 아쉽~
허허허 ...

우리 사이좋게 지내요!

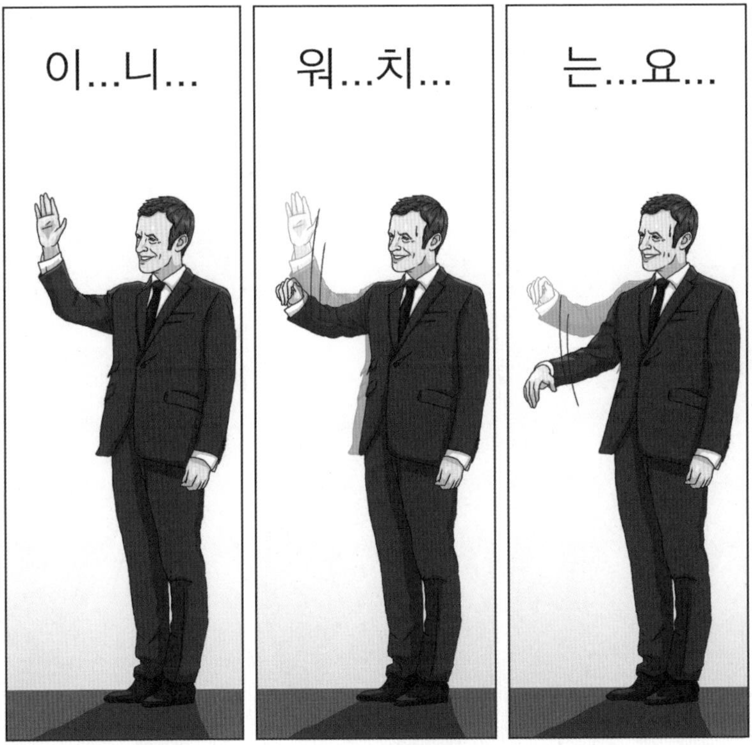
이…니…
워…치…
는…요…

한반도 평화를 위한 미사

#한반도평화기도 #하느님섭리행하는문프 #문프는진리

"문재인 대통령님, 김정숙 여사님 환영합니다.
프란치스코 교황님의 축복을 전합니다.
한반도의 평화를 위해 기도합니다."

2018년 10월 17일 바티칸 교황청의 성 베드로 대성당
국무원장 피에트로 파롤린 추기경이 집전한
'한반도 평화를 위한 특별미사'의 시작을 알리는
아주 특별했던 한국어 인사!

한 나라의 평화를 위해 집전하는 미사는 교황청 역사상 최초!
교황청 국무총리 격인 국무원장의 미사 집전도 극히 이례적!

"이 저녁, 우리는 겸손한 마음으로
하느님께 온 세상을 위한 평화의 선물을 간청하고자 합니다.
특별히 오랫동안의 긴장과 분열을 겪은 한반도에도
평화라는 단어가 충만히 울려 퍼지도록 기도로 간구합시다."

평화를 빕니다.

▶ **관련 보도**

한겨레 2018. 10. 18. 평화미사 집전 교황청 국무원장, 한국말로 "한반도 평화 기도"

▶ **관련 키워드**

교황청 성 베드로 성당 한반도 평화 미사

무기는 버리고! 힘을 모아!

공동 경비 구역
무기는 버리고!
우리 함께
힘을 모아!
헛둘!
헛둘!
공동 평화 구역
함께 만드는
아름다운 평화!

우리 함께 걸어갈 평화의 길!

평화를 알리는 뱃고동소리

#문프가간다 #태극기휘날리며 #평화의바다로

2018년 10월 11일 제주해군기지에서 열린
2018 대한민국 해군 국제관함식에 참석한 문재인 대통령!

"대한민국은 평화를 사랑합니다.
오늘 국제관함식은 한반도 평화를 알리는
뱃고동소리가 될 것입니다.
이제 평화의 깃발을 높이 올리고
태평양을 향해 출발합시다."

제주 해군기지를 전쟁의 거점이 아니라
평화의 거점으로 만들 것이라 강조한 문프!

문프의 다짐처럼
우리나라 최남단 제주 섬이
아름다운 섬 제주, 평화의 섬 제주로
세계에 회자되길 기대합니다.

▶ **관련 보도**

파이낸셜뉴스 2018. 10. 11. 文 대통령 "제주 국제관함식, 한반도 평화 알리는 뱃고동소리 될 것"

▶ **관련 키워드**

제주 국제관함식, 대한민국 해군 국제관함식, 제주 해군기지

MOON
PEACE
한라산

어서 와, 서울은 처음이지?

#문프가소집한회식 #폭탄주노노평화주 #한잔하자 #평화를위하여

문재인 대통령의 평양 방문에 이어
2018년 연내 서울 답방을 약속한 김정은 국무위원장.
꿈에도 상상 못했던 일들이, 설마설마했던 일들이
하나둘 대한민국의 역사로 기록되고 있는 오늘
기분 좋은 상상 하나!

문프가 소집한 평화의 회식.
한라산 소주에 대동강 맥주!
서울식 환영주에
안주는 평양냉면과 전주비빔밥!
2차엔 트럼프 합류!
건배사는 "평화를 위하여!"

이보다 더 완벽한 회식은 없다!

▶ **관련 보도**

오마이뉴스 2018. 10. 2. "작심하고 배려한 김정은… 서울 답방, 또 하나의 문턱 넘는 것"

▶ **관련 키워드**

김정은 국무위원장 서울 답방

2018년 어느 날…
한반도의
평화를 위하여!

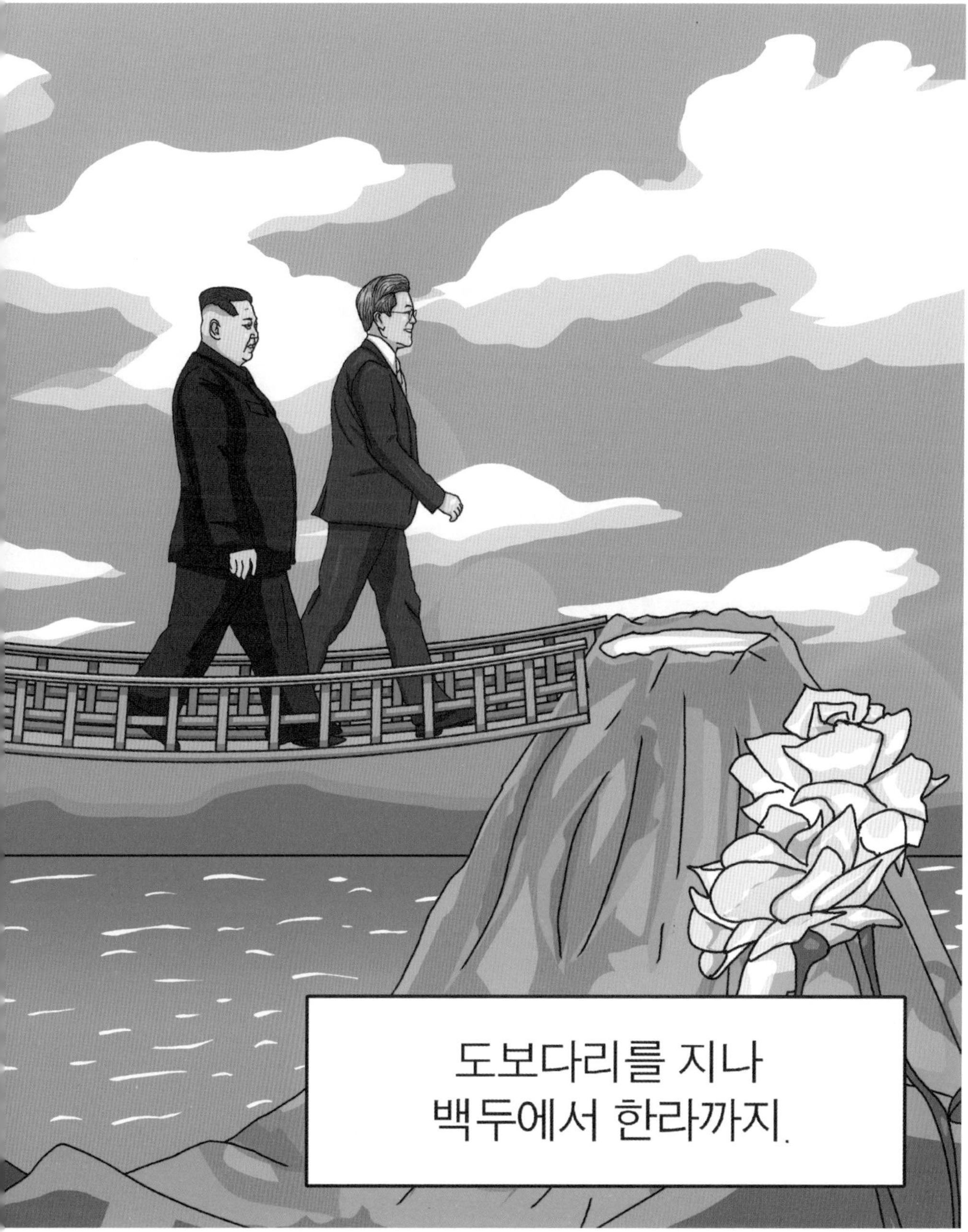
도보다리를 지나
백두에서 한라까지.

김정은 국무위원장 서울 답방 상상도 <백두에서 한라까지>

02

세상이 바뀐 줄 모르는 진짜 바보들

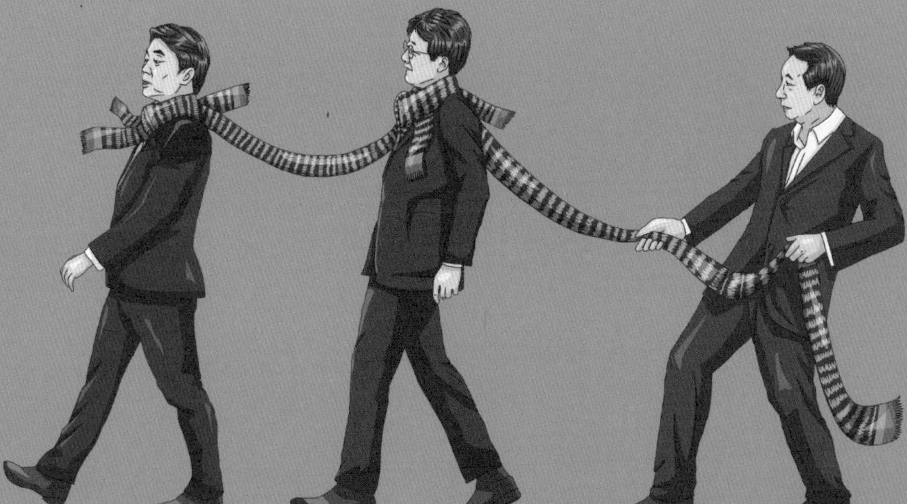

아베의 짝사랑

#트럼프 #아베 #미일정상회담 #재팬패싱

2017년 11월 트럼프 미 대통령의 2박 3일 방일 일정.
우리나라는 안 오는 거 아니야?
국내에선 '코리아 패싱'을 우려한 목소리가 다분했지만
뚜껑을 열어보니… 이 정도면 '재팬 패싱' 아닙니까?

"일본은 세계에서 가장 강력한 경제를 이룩한 나라 중 하나죠.
우리만큼 좋은지는 잘 모르겠지만. 그렇지 않은 것 같은데…
괜~ 찮은가요오오(o~~k~~ay)?"

그날 〈워싱턴 포스트〉는 가혹했다.
"아베는 트럼프의 조수, 전략적 노예 상태!"

그리고 1박 2일 일정으로 우리나라를 방문한 트럼프 대통령은
"There will be no skipping South Korea."
한국을 건너뛰는 일은 없을 것이라 밝혀
아베는 두 번 울고 말았다는 그런 이야기.

▶ **관련 보도**

한국일보 2017. 11. 7. WP "아베는 트럼프 조수, 전략적 노예 상태"

▶ **관련 키워드**

트럼프 방일, 미·일 정상회담, 노 코리아 패싱

누가 누구를 홀대하는가?

#방일홍준표 #아베알현 #나라망신

문재인 대통령이 중국 국빈 방문 중에
시진핑 국가주석으로부터 굴욕을 당했다며
'시진핑 알현'이라 비판했던 분이
방일 일정 중 아베 신조 일본 총리를 만나
도대체 무엇을 하고 돌아오신 겁니까?

꽃무늬 상석 아베,
홍은 내 아랫사람.
악수인가 알현인가,
나는 까딱 너는 꾸벅.

과한 공손, 굴욕 외교!
누가 누구를 홀대했는지,
누가 누구에게 홀대를 당했는지,
그것이 알고 싶습니다.

▶ **관련 보도**

JTBC 2017. 12. 18. [국회] 일 아베에 고개 숙인 홍준표… '굴욕외교' 논란

▶ **관련 키워드**

홍준표 아베 알현, 홍준표 굴욕 외교

give me 이니시계
please !!!
하 하 하
환영 합니다!
와튼스쿨 동문

와튼스쿨 짝사랑

#와튼스쿨동문 #안친해?

트럼프와 와튼스쿨 동문이고
같은 비즈니스맨 출신이라는 공통점을 수차례 강조한 찰스.
그러나 트럼프 방한 기념 국빈만찬에는 불참!

딱 그때 4박 5일 일정으로
독일과 이스라엘을 방문한 찰스,
아쉬워서 어쩌나!
그래도 외교, 안보 이슈를 살피러 가신 거라니
고생이 많으셨습니다.
4차 산업혁명 시대에
스케줄 관리도 잘하셨으면 더 좋았을 것을!

코리아 패싱, NO!
안철수 패싱, Oops!

▶ **관련 보도**

한겨레 2017. 11. 7. 트럼프 만찬, 홍준표는 가고 '와튼스쿨 동문' 안철수는 불참

▶ **관련 키워드**

트럼프 만찬, 와튼스쿨 동문, 트럼프 안철수

ROKAF T-50
Black Eagles

따라올 테면 따라와봐!

#빨간마후라문프 #먼저갑니다

"협치하면서 잘하라고 찍었어요."

대전 유성시장을 방문한
안철수 전 국민의당 대표에게
제발 협치 좀 잘해달라 했던
과일가게 상인의 부탁을 기억합니다.
포도 만 원어치 파는 것보다
훨씬 값진 게 있다는 걸 아는 상인이셨습니다.
그리고 그것은 와튼스쿨 안 나와도 아는
대한민국 국민 모두의 상식입니다.

그렇지만 문프가 좀 멋있긴 하죠.
따라 하고 싶고 막 그렇죠.
그 맘 충분히 이해합니다만, 클라스가 다름!

▶ 관련 보도

KBS 2017. 10. 18. 문 대통령 "평화 지킬 힘 필요… 첨단무기 조속 전력화"

▶ 관련 키워드

문재인 블랙이글스, 안철수 포도

국민의 건강을 위하여!
휙! 휙!
4,500원
2,500원
TOBACCO
TOBACCO

국민 건강을 위하여?

#정책이왔다리갔다리 #기억상실증

박근혜 정부 시절 '국민 건강'을 내세워
담뱃값 인상을 주도했던 자유한국당!
그런데 이제 와 담뱃값 인하 법안을 추진한다고?

기억상실.
유체이탈.
자가당착.

지지율 바닥을 찍은 한국당의 고육지책.
고작 2,000원으로
국민 마음을 낚시질할 수 있을까?
포퓰리즘의 극치! 자폭 코미디!!!

▶ 관련 보도

국민일보 2017. 7. 26. 한국당의 담뱃값 '셀프인하'… 정치권 "자가당착 코미디" 한목소리

▶ 관련 키워드

한국당 담뱃값 인하 법안 발의

부자들이 십시일반 내는 세금
십세
Mr.Jung

십시일반 내는 세금

#부자만이낼수있는세금 #특별대우해드립니다 #십세

누가 그 피자를 먹었나?
누가 그 치킨을 먹었나?
누가 그 야채를 먹었나?

다 우리 국민이 제값 주고 사 먹은 겁니다.
여차해서 불매운동이라도 하면
죄 없는 가맹점주와 가맹점 직원들만 피해를 보는
프랜차이즈의 이상한 구조!

노블레스 오블리주는 바라지도 않는다!
창업주라면 창업주답게
갑질 그만하고 고마운 국민들을 위해
식은땀 아닌 구슬땀 흘리시길!

▶ **관련 보도**

뉴스투데이 2017. 12. 29. 미스터피자, BBQ 등 프랜차이즈 갑질의 민낯

▶ **관련 키워드**

프랜차이즈 갑질

STRIKE
팟!

노 룩 패스 vs 스트라이크

#완벽한수비 #사이다답변

"최근에 MBC와 KBS 불공정 보도를 보신 적이 있습니까?" - 박대출 자유한국당 의원

"잘 안 봅니다. 꽤 오래전부터 좀 더 공정한 채널을 보고 있습니다."

"오죽하면 트럼프 대통령이 아베 총리와 통화하면서 한국이 대북 대화 구걸하는 거지 같다는 그런 기사가 나왔겠습니까." - 김성태 자유한국당 의원

"김성태 의원님이 한국 대통령보다 일본 총리를 더 신뢰하고 있다고 생각하진 않습니다."

"문재인 정권이야말로 최순실 국정농단의 가장 큰 수혜자입니다."
- 김성태 자유한국당 의원

"최순실 국정농단의 큰 짐을 떠안은 것을 저희들도 불행으로 생각합니다. 어떻게 수혜자일 수가 있겠습니까?"

2017년 9월 12일 국회에서 열린 정치 분야 대정부질문에서
국회의원들의 텁텁한 질문에 사이다 답변을 쏟아낸 이낙연 국무총리!
이 정도면 김무성 의원의 마이클 조던급 화려한 개인기,
수행비서를 향해 시전했던 '노 룩 패스'를 능가하는 완벽한 스트라이크!
공격하지 않아도 이길 수 있는 멋진 수비!

▶ **관련 보도**

한겨레 2017. 9. 12. 야당 의원들 멘붕에 빠뜨린 이낙연 총리 '사이다 답변'

▶ **관련 키워드**

이낙연 총리 대정부질문 사이다 답변

촤
라
락
보수 대통합
이닷!
흡수되어라!

강력한 흡수력

#드래곤볼의혜안 #셀 #인간이만든괴생물체 #최후에자폭

박근혜 전 대통령 탄핵 정국 당시
새누리당에서 탈당한 비박계 의원들은
바른정당을 창당하였고
새누리당은 자유한국당으로 옷을 갈아입었다.
문제는 그 나물에 그 밥!
둘 다 반쪽짜리 정당이 되고 말았다는 것!

이제 와서 합치자니 명분이 없고,
계속 그러고 있자니 답이 없다!

바로 이때, 강자의 세포를 흡수해
점점 더 강력한 괴물로 진화하는 드래곤볼 셀처럼
닥치는 대로 빨아들이는 레드홍의 물밑 작업이 시작됐다!
한국당의 바른정당 의원 빼가기 대작전!

그래봐야 최후엔 자폭인 것을….

▶ 관련 보도

한겨레 2017. 10. 11. 홍준표 "바른정당 전대 전 보수대통합" 유승민 "영감님 당 지지도나 신경 쓰라"

▶ 관련 키워드

바른정당 전대 전 보수대통합

다시 돌아와주셔서
감사합니다! 힘을 모읍시다!
흔들
흔들

탈당은 쉽다, 복당은 더 쉽다

#뭉쳐도죽고흩어져도죽는다 #인간은같은실수를반복하지

2016년 12월 박근혜 대통령의 사당으로 전락해
국민과 당원을 실망시키고 말았다며
가짜 보수와 결별하고 진정한 보수 정신을 세우고자
새로운 길을 나선다고 했던
새누리당 소속 비박계 국회의원 31명.
보수 개혁을 내걸고 2017년 1월 24일 바른정당을 창당!
한때 의석 수가 33석에 달했지만
같은 해 5월 집단 탈당 사태로 간신히 20석을 확보,
국회교섭단체 지위를 유지하고 있었는데….

분열은 분열을 낳는 법!
2017년 11월 남아 있던 20명 가운데 9명이
다시 자유한국당으로 복당!
국민의 소중한 한 표로 표 장사 해버린 꼴!

철새 도래지가 여기에 있었군!
"진정한 보수 정신은 무엇입니까?"
묻고 싶습니다.

▶ **관련 보도**

미디어스 2017. 11. 15. '남은' 유승민 - '떠난' 김무성, 목표는 둘 다 따뜻한 봄?

▶ **관련 키워드**

바른정당 탈당 자유한국당 복당

양쪽 의견이 모두
팽팽하군요!
두 의견을 반영해서
반쪽만 설치하는 걸로!
저억!

솔로몬의 선택

#양쪽의견이팽팽할땐 #반으로쪼개 #박정희동상 #난반댈세

박정희 전 대통령 탄생 100주년을 앞두고
박 대통령 동상을 건립하려는 박정희대통령기념재단 측과
동상 건립을 반대하는 시민단체 간의 물리적 충돌 발생!

여기서 이러시면 안 됩니다!
싸울 필요가 없어요!
동상을 건립하겠다는 박정희 대통령 기념관 부지는
서울시에서 무상으로 빌린 땅!
동상은 서울시 심의를 통과해야 세울 수 있다는 말씀!

솔로몬의 지혜가 필요한 순간!
반쪽짜리 동상이라도 괜찮다면야…
세워도 괜찮겠습니다만!

▶ **관련 보도**

연합뉴스TV 2017. 11. 13. 박정희 동상 찬반 충돌… "번영과 영광" vs "원조 적폐"

▶ **관련 키워드**

박정희 동상 찬반 충돌

국민의 눈을 가리고 진실의 입을 막았던

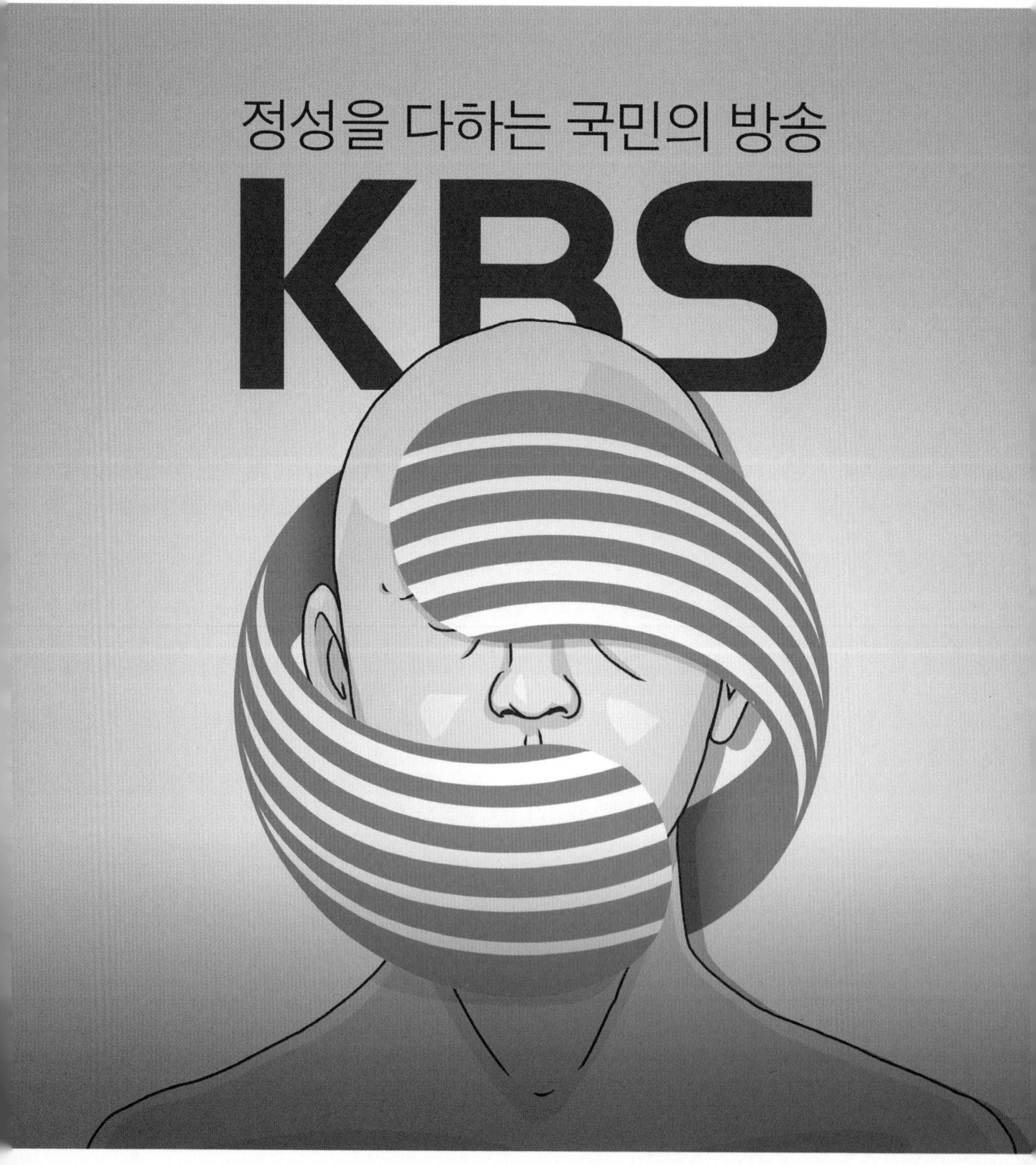

다시 만나면 좋은 친구가 되길…

50000
Bank of Korea
오만원
50000

구속의 좋은 예

#할복말고 #죗값받으시길 #국민혈세

2017년 11월,
국가정보원 특수활동비 1억 원 수수 의혹을 받았던
친박계 핵심 최경환 자유한국당 의원!
전혀 그런 사실이 없다며 사실이라면
동대구역 앞에서 할복 자살하겠다고 말했던 그!

2018년 6월 29일 서울중앙지법 형사 21부는
국가정보원 예산 증액을 대가로
1억 원의 국정원 특수활동비를 받은 혐의가 드러나
구속 기소된 최경환 자유한국당 의원에게
징역 5년에 벌금 1억 5천만 원,
그리고 추징금 1억 원을 선고했다!!!

돈은 받았지만 뇌물은 아니다?
일단 구속으로 할복 막은 재판부 만세!
끝까지 밝혀냅시다!

▶ **관련 보도**

조선일보 2018. 6. 29. "할복하겠다"던 최경환 징역 5년 선고… "예산 편의 대가 뇌물"

▶ **관련 키워드**

최경환 국정원 특활비 1억 수수 혐의

이럴 거 모르고
만난 사이 아니잖아.
잘 있어...
쳇!

배드맨

#나도나를모르는데 #넌들나를알겠느냐 #한치앞도모를박쥐정치

자유한국당 원내대표 경선에서
'친홍'으로 분류됐던 김성태 의원!
그러나 선거가 끝나자마자
'홍준표를 비판했기 때문에 어느 정도 먹혔다!'
'나는 친홍이 아니다!'
홍준표 전 대표와의 거리 두기 돌입!!!

박쥐도 철새였나?
배신이 난무하는 정치판!
배트맨 아니고 배드맨!
나쁜 녀석들!!!

▶ 관련 보도

서울신문 2017. 12. 13. 김성태 원내대표 당선… 하태경 "박쥐대표"· 정청래 "배알도 없다"

▶ 관련 키워드

김성태 자유한국당 원내대표 당선

내가
MB아바타라고 말해!
삐잇
작전본부
내... 가...
MB아바타 입니꽈...?

명령어 입력 오류?

#그거질문인가요? #갈수록닮아간다 #묘하게닮아간다

2017년 9월 11일
헌정 사상 처음으로 헌법재판소장 동의안 부결!
그리고 안철수 전 대표의 한마디!

"국민의당이 지금 20대 국회에서 결정권을 갖고 있는 정당!"

호남 홀대론을 강조하던 안철수 전 대표가
'우리가 호남 출신 김이수 헌법재판소장 임명동의안을 부결시켰지롱!'
자랑하듯 대놓고 과시한 셈!

"내가 MB아바타입니까?"에 이은 실언!
명령어 입력 오류? 아님 바… 보?

▶ 관련 보도

미디어스 2017. 9. 12. 안철수, 숨겨도 모자랄 판에 자랑을? 'MB아바타'에 버금갈 문제적 발언

▶ 관련 키워드

안철수 MB아바타, 안철수 초딩론

힘도 없고…

길도 없고…

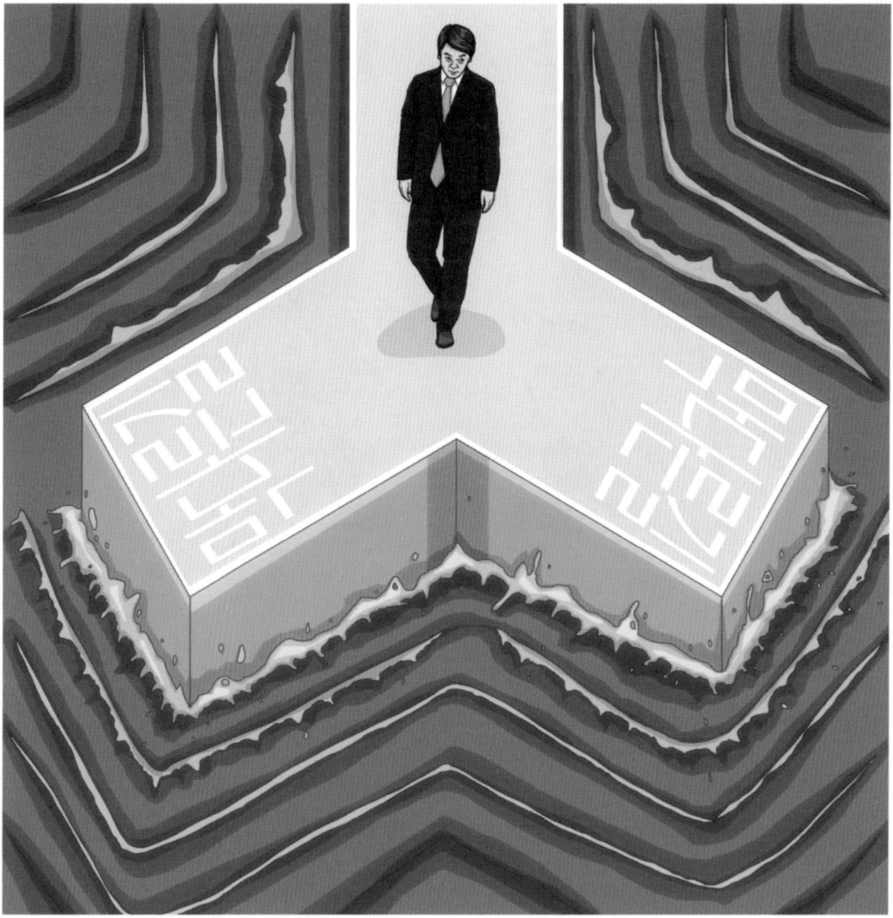

퓨
국민을
바른 당!
전!

이렇게나 산수를 못해서…

#국민의당 #바른정당 #크로스 #퓨전 #국민을바른당

지지율 4%대 국민의당
지지율 5%대 바른정당
둘이 합당하면 19%???
더불어민주당에 이어 지지율 2위???

이건 뭐 '1 더하기 1은 귀요미' 수준도 아니고
배웠다는 분들이 이렇게나 산수를 못해서 어찌합니까.
그건 제쳐두고…
그렇게 지지율 높여서 하고 싶은 게 뭡니까?
무얼 위해, 누구 좋자고 존재하는 당입니까?

새정치는 물건너가고
범보수 통합에 한 발짝 가까워진
국민 바른 통합정당의 꼼수!

▶ **관련 보도**

미디어스 2017. 11. 23. 국민의당·바른정당 합당하면 유승민 중심의 '범보수 통합'

▶ **관련 키워드**

국민의당 바른정당 합당

이거
잘 안 지워지는데...
팍
팍
흥!
MB
아바타
실망입니다...

개운치 않은 때수건

#MB아바타 #때아닌때수건 #쇼!끝은없는거야

'국민의 마음이 풀릴 때까지'라며
당 대표실 벽에 회초리를 내걸었던 국민의당!
회초리에 이은 파격 현수막 등장!
'국민의 마음이 개운할 때까지' 빅 사이즈 때수건!!!

DJ 비자금 의혹 제보 사건으로 뒤숭숭한
국민의당 당내 혼란을 수습하는 동시에
국민의당과 정치권, 사회의 묵은 때를 벗겨내겠다는 다짐!
나 자신부터 몸과 마음을 닦고 새롭게 거듭나겠다!
수신제가의 자세!

문제는… 도무지 때가 밀리지 않는다는 점!
개운치 않은 때밀이! 불량품!
결국, 지워지지 않은 MB아바타의 얼룩!

정말… 실망입니당!

▶ **관련 보도**

JTBC 2017. 12. 15. 새로운 현수막… '개운치 않은 때수건'

▶ **관련 키워드**

국민의당 때수건, 안철수 수신제가

동상이몽

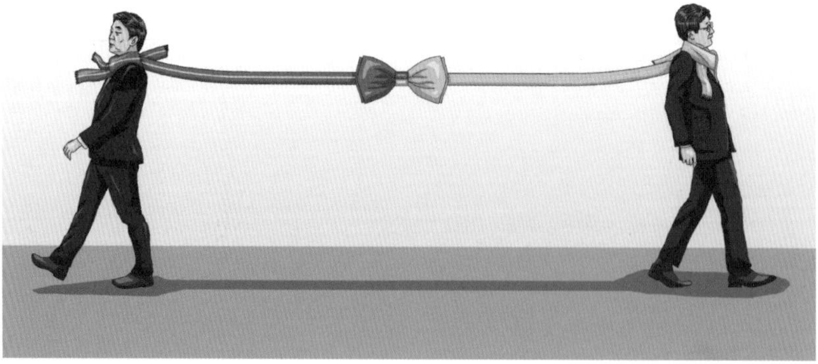

궁극의 1+1, 샤실 쌍의 빅 픽처!

내 만화보다 현실이
더 웃기면 어쩌라고!!!
라이언!
물어!
주모!
고 군

만화보다 웃긴 야당

#홍준표vs여자홍준표 #불쌍한라이언 #라이언에밀린때수건

당협위원장직 박탈에 오열하는 모습을
자신의 SNS를 통해 생중계하고
최고위 회의장에 라이언 인형을 들고 등장했던
자유한국당 류여해 전 최고위원!
세상에, 롤모델이 홍준표였다니…
그러니까 좀 이해가 되네!

롤모델 잘못 잡으신 거 맞고요!
결국 여자 홍준표에서 홍준표 저격수로 돌변!

분란의 아이콘 총집합 제1야당!
만화보다 웃긴 야당의 현실!
이 와중에 때수건 들고 나타난 찰스까지!

웃기려고 노력해왔는데… 묘한 자괴감!
야당 덕분에 분발하게 되는 만평가의 반성문!

▶ **관련 보도**

경향신문 2017. 12. 25. '여자 홍준표'에 흔들린 제1야당

▶ **관련 키워드**

자유한국당 류여해 최고위원 제명

미친개는
몽둥이가 약!
홍준표 때리기
콘서트
그래서 준비했어요!

우리 준표가 달라질까요?

#몽둥이가약이랬어 #최선을다해보겠습니다만 #준비됐나요?

2018년 3월, 울산지역 아파트 건설공사에
김기현 당시 울산시장의 측근과 친동생이
부당한 압력을 행사했다는 정황을 포착한 경찰이
울산시장 압수수색에 나서자
울산시장 선거를 앞두고 자유한국당 후보인
김기현 울산시장에 대한 표적수사라며
강하게 반발한 한국당!

홍준표 "소수 검찰의 사냥개 노릇도 참고 견디기 힘든데…."
장제원 "정권의 사냥개가 광견병에 걸렸다. 미친개는 몽둥이가 약…."

대표나 대변인이나 '아무 말'을 넘어 막말 일색!
수습에 나선 김성태 원내대표가 준비한 것은
'우리 준표가 달라졌어요' 프로젝트 제1탄 '준표 때리기' 토크쇼!!!

P.S
사람 쉽게 안 변합니다만,
몽둥이는 준비해두겠습니다.

▶ 관련 보도

한국일보 2018. 3. 22. 김성태 "준표 때리기 토크쇼로 한국당 이미지 개선할 것"

▶ 관련 키워드

홍준표 미친개는 몽둥이가 약, 준표 때리기 토크쇼

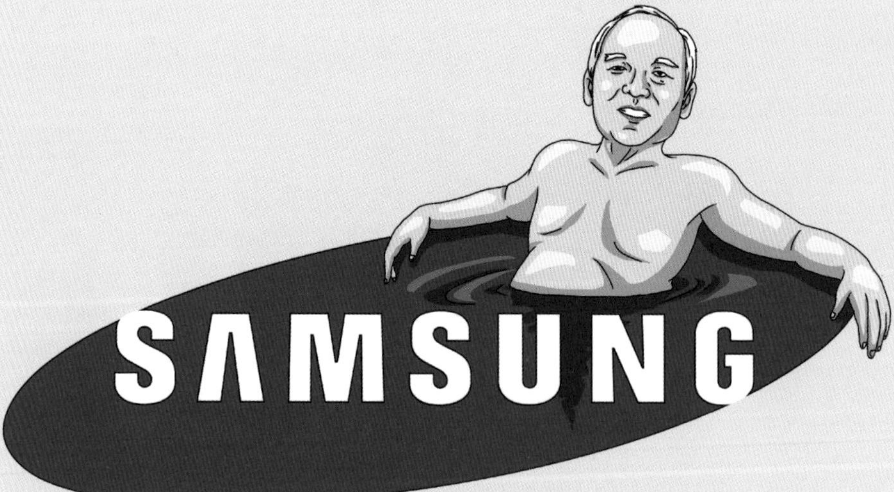
SAMSUNG

또 하나의 가족

#삼성이재용집행유예 #삼성공화국 #유전무죄 #상식벗어난판결

박근혜 전 대통령과 최순실에 뇌물을 건넨 혐의로
1심에서 징역 5년을 선고받은 삼성 이재용 부회장,
항소심에서 집행유예를 선고받아 353일 만에 석방!

1억만 넘어도 실형을 선고하는 것이 요즘 판결 추세라는데
이재용 부회장은 뇌물 공여 36억 원을 인정받고도 집행유예!
대통령이 호되게 질책해서 어쩔 수 없었으니까 봐준다?
재판부가 삼성에 부여한 면죄부!

삼성공화국에서 벌어진 역대급 쓰레기 판결!
'정형식 판사 특별감사' 국민청원 쇄도!
불과 이틀 만에 20만 명 돌파!
민심이 뿔났다!
이재용을 웃게 한 사법부의 '삼성 로펌' 인증샷!

▶ 관련 보도

노컷뉴스 2018. 2. 9. 이재용 석방 후폭풍 왜 정형식 판사에게 쏠리나?

▶ 관련 키워드

이재용 집행유예, 정형식 판사

국회

제왕적 국회의원

#개헌은뒷전 #거대의석이무기 #내밥그릇챙기기 #버티기

'사람이 먼저다.'
2012년 대선 당시 문재인 후보가 내세운 슬로건!
그 정치 철학을 바탕으로
국민의 기본권 강화와 확대를 강조한
2018년 문재인 정부의 개헌안!

보수 야당은 무조건적 반대, 맹목적 비난 일색!
박근혜 전 대통령 탄핵안이 가결된 이후
제왕적 대통령제의 폐해를 극복하자고
개헌에 불을 지폈던 분들이 누구시더라?
그동안 손놓고 있다가
부지런히 준비해 발표한 정부를 원색 비난?

거대 의석을 방패 삼는 야당의 파렴치!
제왕적 국회의원의 민낯!

▶ 관련 보도

오마이뉴스 2018. 3. 21. 관제 개헌? 대통령 개헌안 발의 때까지 야당 뭘 했나

▶ 관련 키워드

김성태 제왕적 국회의원, 야당 개헌 반대

우리를 구원해줄
새 인물을 찾았...
마셔요
거꾸로
나이를
처
딸
깍
누구야!
관등성명 좀 이야기해봐요...

돌아온 올드보이

#마셔요거꾸로나이를 #작년에왔던각설이 #새인물은어디에

김문수 전 경기지사 → 서울시장 후보로
김태호 전 경남지사 → 경남지사 후보로
이인제 전 최고위원 → 충남지사 후보로

이완구 전 총리는 아쉽게도 불발!
가장 많이 회춘하셨을 터인데….

6·13 지방선거를 앞두고
자유한국당 홍준표 대표가 영입한 새 인물!
대선 후보로 거론되며 호시절을 보냈던 올드보이들!
도로 새누리당, 도로 한나라당!

남는 분 있으시면
바른미래당 인재영입위원장님에게도
살짝 귀띔 좀….
끼리끼리 돕고 삽시다들!

▶ 관련 보도

노컷뉴스 2018. 4. 1. 한국당, 김문수·김태호·이인제 '공천'… 올드보이의 귀환

▶ 관련 키워드

자유한국당 인재 영입, 자유한국당 올드보이

2018.04.20 안철수 기자회견
드루킹
최악의 조직 선거범죄의 이름
서울시장
후보 안철수

사라져도 좋습니다

#철수의자백 #자아성찰 #디자이너칭찬해 #이미지메이킹

안철수 전 의원이 서울시장 후보로 나섰던 지난 4월의 어느 날,
안철수 후보의 블로그에 올라온 문제의 이미지 한 장.

그러니까…
안철수 = 드루킹 = 최악의 조직 선거범죄의 이름
이 말씀이신 거죠?

"대한민국 정치에서 댓글 공작 같은
저열한 행위만 없어질 수 있다면 저는 무엇이라도 할 것입니다.
저 안철수가 무엇이 되느냐는 중요하지 않습니다.
그것이 민주주의의 회복이라고 믿기 때문입니다.
여론 조작이 사라진 대한민국 정치가 이뤄진다면 그것을
새정치의 희망으로 남기고 저 안철수는 사라져도 좋습니다."

뱉은 말은 지킵시다!
솔선수범의 좋은 예!

▶ **관련 보도**

국민일보 2018. 4. 22. 안철수 블로그에 올라왔다 삭제된 '드루킹 이미지'… 댓글 1300개

▶ **관련 키워드**

안철수 블로그 드루킹 이미지

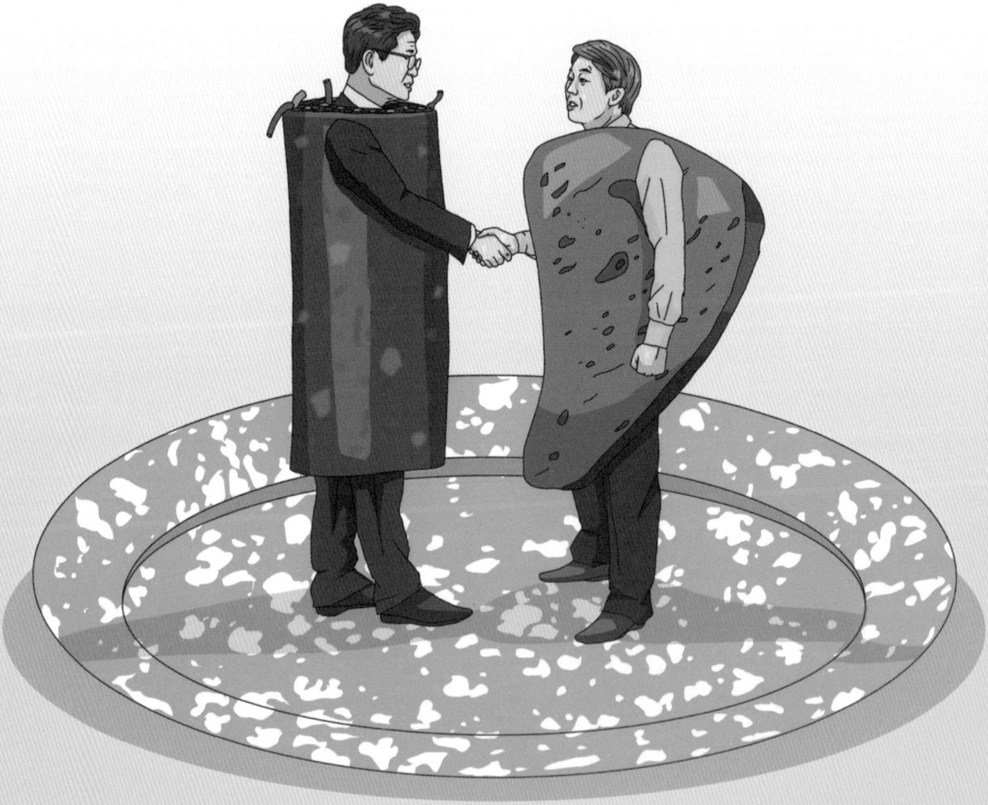

순대와 간

#단일화해야하는이유 #순대세트 #그래도시그니처는떡볶이

6·13 지방선거!
서울시장 유력 주자는 더불어민주당 박원순 후보!
세 번째 연임에 도전하는 박원순 후보를 누르기 위한
야권의 야심찬 전략은?

뜻밖의 조합!
119 긴급전화로 전화해서 관등성명 요구했던 도지사 김문순대!
그리고 매번 간만 보다 결정적인 순간 철수한다는 간철수!
순대와 간의 만남이라니! 소름!
그렇지만 힘을 합쳐봐야 절대 이길 수 없을 것이야!

"간은 빼고 주세요!"
"허파는 없나요?"
"누가 뭐래도 분식은 떡볶이지!"

▶ **관련 보도**

동아일보 2018. 5. 25. 김문수-안철수, 부쩍 는 단일화 언급

▶ **관련 키워드**

김문수 안철수 단일화

드루킹
선배...

언제나 한발 앞섰던 선배

#원조 #멘토 #선배님 #잘보고배웠습니다

2006년 지방선거
2007년 한나라당 대선후보 경선
2011년 한나라당 전당대회
2012년 대선
2014년 지방선거 새누리당 선대위

인터넷 여론 조작 혐의로 구속 기소된 드루킹!
한나라당의 댓글 조작 범죄를 따라 했다는 폭로!
그리고 속속 드러나는 진실!

한국당의 전신인 한나라당과 새누리당!
2006년부터 각종 선거에서 매크로를 사용하여
10년 넘게 인터넷 여론 조작을 해온 정황 포착!!!
그러나 한국당의 매크로 의혹엔 조용한 언론!
어디서부터 잘못된 것인가!
탈탈 털어보자!

▶ 관련 보도

한겨레 2018. 6. 6. 민주당 "한나라당 여론 조작 고발"… 한국당, 드루킹 때와 달리 '침묵'

▶ 관련 키워드

한나라당 여론 조작, 2006년 대선 매크로, 드루킹 댓글 추천수 조작 의혹

지원유세
나랑 눈사람 만들래?
똑 똑
안 사요!

유세 떨다 유세 망한 자

#외로운레드홍 #누가나랑놀아줘 #동수어디갔니

6·13 지방선거에서
당 지지율이 후보 지지율보다 낮았던 자유한국당!
지역에서 줄줄이 홍준표 전 대표의 지원유세 거부!
심지어 보수 몰표 TK 대구경북에서도
도움 되는 거 1도 없는 대표, 오지 마!
홍준표 패싱!

외로운 레드홍의 셀프 BGM
"당신은 사랑받기 위해 태어난 사람~~~"

목소리 크면 장땡?
빈 수레가 요란한 법!

▶ **관련 보도**

뉴스1 2018. 6. 12. 홍준표, 유세 중단·재개·읍소… 롤러코스터 13일

▶ **관련 키워드**

홍준표 지역유세 취소, 홍준표 방문 거부

현수막 잘 보관해둬!
총선 때 또 써야 되니까!
저희가 잘
했습니다

현수막 잘 보관해둬!

#저희가잘못했습니다 #무릎꿇고 #속죄코스프레

"저희가 잘못했습니다."
6·13 지방선거 참패에 무릎 꿇고
국민들에게 사죄의 뜻을 전한 자유한국당 의원들!

진심?
그런데 님들이 잘못한 게 아니라
우리 국민이 잘한 거야!

진정성 있는 사죄가 아니면 그 사죄 넣어둬!
그리고 그 현수막은 고이 접어 찾기 쉬운 곳에 보관하세요.
총선 때 또 써야 하니까!

그래서 선거 참패는 누가 책임질 겁니까?
눈 하나 깜빡 안 하고, 입에 침도 안 바르고 그저 읍소.
준표 나갔으니 서로 당권 잡으려고 이전투구할 거 불 보듯 뻔함.
썩은 보수, 분리수거 안 됩니까?
폐기 처분하면 더 좋고요!

▶ **관련 보도**

동아일보 2018. 6. 15. 무릎 꿇은 자유한국당… 의원들 사죄 "저희가 잘못했습니다"

▶ **관련 키워드**

6·13 지방선거 참패 자유한국당 비상의원총회

1
문재인
문재인
보유국!
성찰하고
돌아오...
안철수
수출국...

자랑스런 대한민국

#문재인보유국 #문프의하드캐리

고생하셨습니다.
안녕히 가십시오.

6·13 지방선거 참패 후
유학 중인 외동딸 졸업식 참석차 미국행 비행기에 오른
바른미래당 안철수 전 서울시장 후보.
책임 회피 아이템 +1 획득!
무책임과 도망의 아이콘으로 독보적인 존재감 어필!

멀리 안 나갑니다!

문재인 보유국!
안철수 수출국!
뭔가… 둘 다 엄청 자랑스러운 느낌적인 느낌!
대한민국! 짝짝짝 짝 짝!

▶ 관련 보도

연합뉴스 2018. 6. 17. 안철수 미국행에 뒷말… "책임 피하는 지도자 이미지"

▶ 관련 키워드

안철수 서울시장 선거 참패, 안철수 미국행

안 되겠다. 당도 탈당하고
파란 옷으로 갈아입자!
어?... 그거...
일본 국대 유니폼인데...
참 잘 어울린다...

카멜레온

#어떤색도소화하는 #변신의귀재 #레드홍

한국당은 홍준표 지우기!
홍준표는 새 옷 갈아입기!
이렇게 손발이 척척!

색깔론 추종자 레드홍!
시 한 수 읊으며 페북 정치에 작별을 고하고
미국으로 떠나신다는 그에게 특별 제안하는 OOTD 공항패션!
빨간색에 대적할 건 파란색밖에 없어!
대한민국 대통령보다 신뢰하는
아베 총리 손잡고 월드컵 응원 가야지?
(월드컵 응원을 이런 식으로 해서 미안!)

▶ **관련 보도**

국민일보 2018. 6. 27. '페북 정치 안 하겠다'는 홍준표, 조지훈 '낙화' 올려… "지난주로 페북 정치 끝, 일상 돌아간다"

▶ **관련 키워드**

6·13 지방선거 참패 홍준표 색깔론

PRODUCE
101
당신의 비데위원장에게
투표하세요!
It's SHOW TIME!

픽미 픽미 픽미업

#마이비데 #적폐비데위 #당신의선택은누구

6·13 지방선거 참패 후 계파 갈등을 거듭하다가
드디어 비상대책위원장 인선에 들어간 자유한국당!
그러나 마땅한 후보가 없어 마구잡이식 후보자 추천!
급기야 국민 공모 실시!
자유한국당 버전의 〈프로듀스 101〉.
어려운 비대위원장 인선.

비'데'위원장을 뽑는 거라면 좀 더 쉬울까?

기호 1번. 503호
기호 2번. 녹조라떼 맛 쿠크다스
기호 3번. 립밤남
기호 4번. 레드홍
기호 5번. 간철수
기호 6번. 특별초청 아베

구린 사람이 차고 넘쳐
혼선! 박빙! 초접전! 예측 불가!

▶ **관련 보도**

JTBC 2018. 7. 4. 한국당, 비대위원장 구인난에 '국민 공모' 실시

▶ **관련 키워드**

자유한국당 당 혁신 비대위원장 인선

추락하는 것엔 날개가 있다!

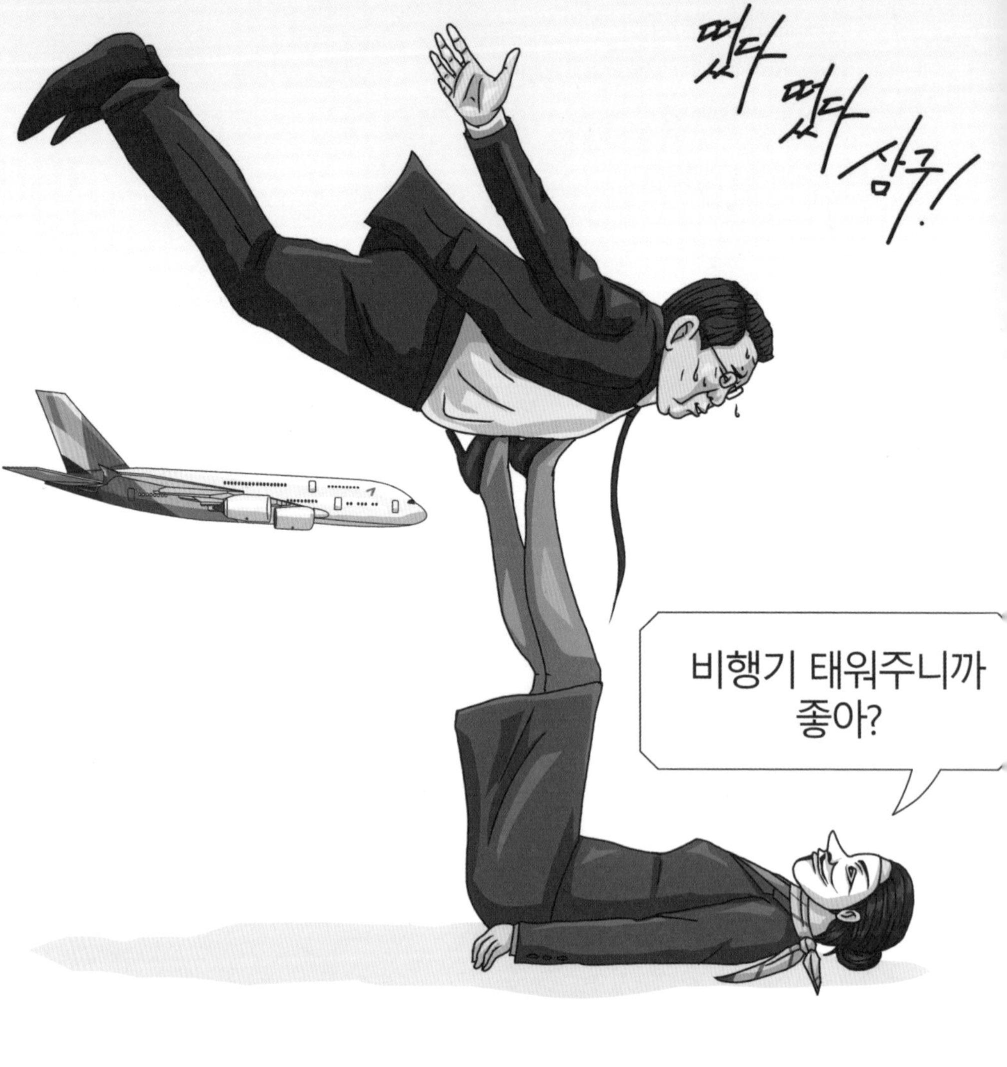
떴다 떴다 상구!
비행기 태워주니까 좋아?

갑질은 범죄입니다!

원조를 찾아라! 숨은 새눌킹 찾기!

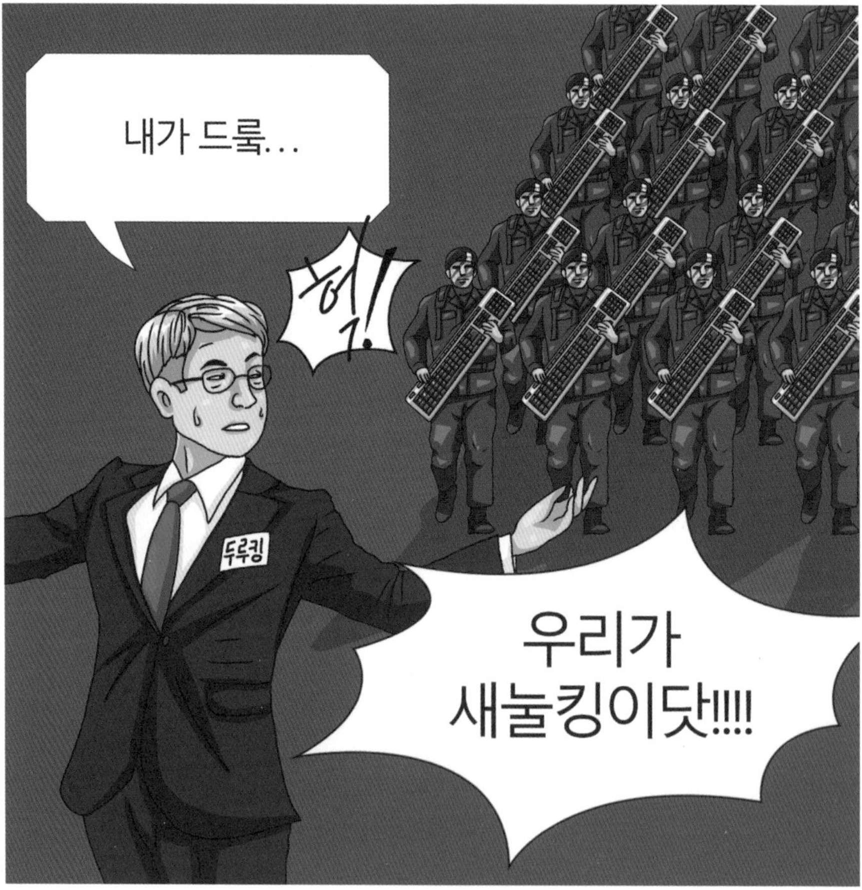
내가 드룩...
헉!
두루킹
우리가
새눌킹이닷!!!!

태풍 전야! 역풍에 주의하세요!

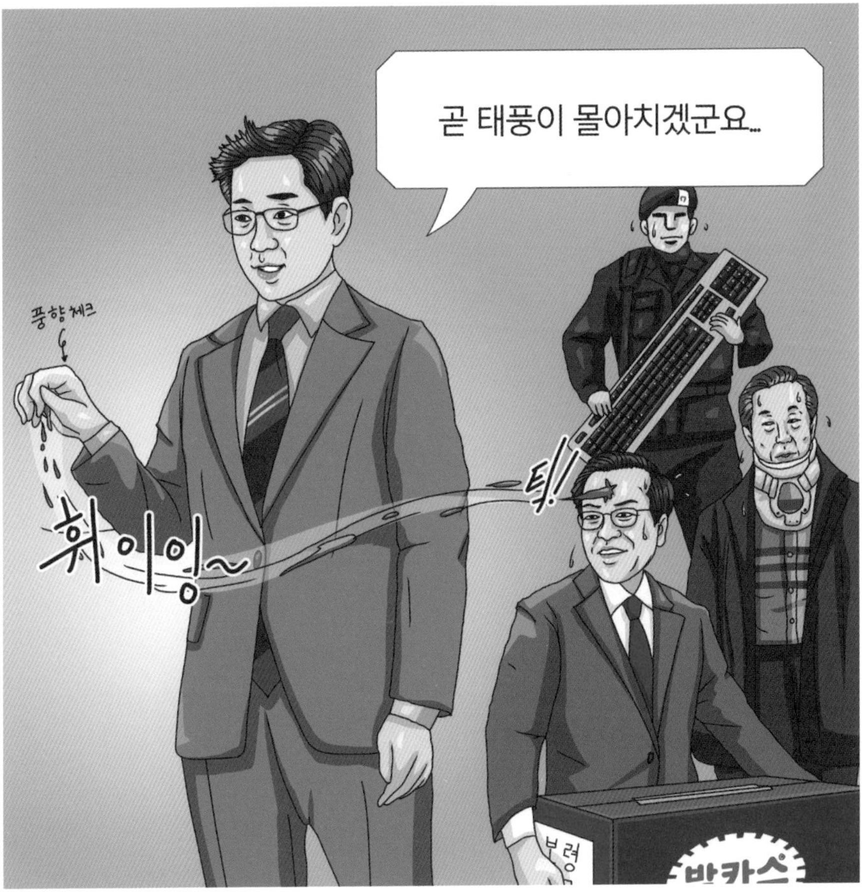
곧 태풍이 몰아치겠군요...
풍향 체크
휘이잉~
틱!
보령
박카스

형이 왜 거기서 나와?
런닝맨 출연하면 우승할 각!

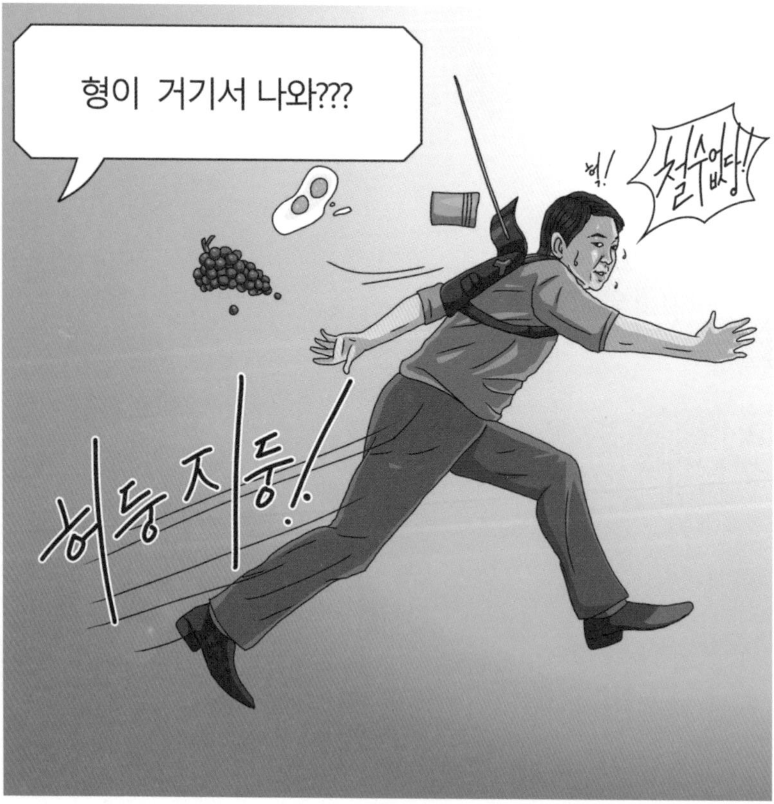
형이 거기서 나와???
헉!
철수없당!!
허둥지둥!!

역시! 압도적인 속도!
4차 산업혁명의 선두주자 인증!

출산주도성장!
돈 줄게 애 하나만 낳아줘!
휙!
돈 때문이 아니라 너 같은 국개 때문에 애를 안 낳는 거다!
돈이면 다냐!

여자가 애 낳는 기계냐?

#무식하면용감하다 #그릇된가치관 #혼수성태

출산장려금 2,000만 원 지급!
아이가 성인이 될 때까지 총 1억 원 지원금 지급!

자유한국당 김성태 원내대표가
저출산 문제 해결책이라고 내놓은
이른바 출산주도성장!

저출산 원인에 대한 성찰 없이
여성을 국가 성장의 도구로 치부한
그릇된 정치적 계산!!!

돈이면 다 된다? 천박한 뇌 구조!
그 돈이 누구 돈인 줄 알고나 하는 소리?
왜 국민 세금을 지들 맘대로 돌려 막기 하려고 하나!
목 깁스로는 부족하셨나 봅니다.

▶ **관련 보도**

중앙일보 2018. 9. 8. "신생아 1명당 1억 원 지원"… 김성태표 '출산주도성장' 파장

▶ **관련 키워드**

김성태 출산주도 성장, 신생아 1명당 1억 지원

1400만 605개의 미래 중 하나라도 전쟁이 나면 너희들 책임이다!
슈우우웅
나 하나 안 간다고 전쟁이 나겠어?ㅋ
완장
냉면냉면냉면냉면냉면 냉면냉면냉면냉면냉면

가지마오 가지마오

#하던지랄도멍석펴놓으면안한다 #옛말그른거하나없음

청와대는 2018년 9월 18일부터 2박 3일간 진행될
평양 남북 정상회담을 앞두고
여야 5당 대표들에게 방북 동행 요청!

4·27 남북 정상회담 때는
평양냉면은 맛있었냐, 냉면 국물이라도 가져오지 그랬냐며
자신을 초청하지 않은 정부 여당을 비아냥댔다던 그분!
막상 초청을 하니 이번에는
왜 이렇게 졸 취급을 하는 건지 납득이 가질 않는다고 불평!
대체 어느 장단에 맞추란 건지….

의전 따지는 완장질!
제왕적 국회의원들!
가기 싫으면 가지 마!!!

평화가 먼저입니다!
다가서야 다가옵니다!

▶ **관련 보도**

서울신문 2018. 9. 12. 청와대 방북 요청 거절한 한국당… 김성태 "왜 이렇게 졸 취급하나"

▶ **관련 키워드**

평양 남북 정상회담 여야 5당 방북 동행 요청

모래시계 검사 그가 돌아왔다!
뭐? 대통령님 지지율이 떨어졌다고?
I'll be back!
스르륵~

모래시계 검사의 귀환

#그가돌아왔다 #문프지지율올려주러 #그럼잘부탁해

6·13 지방선거 참패에 대한 책임을 지고
당 대표직에서 물러난 뒤 미국으로 떠났던 그가
돌았, 아니, 아니 아니, 돌. 아. 왔. 다!!!

"봄을 찾아가는 고난의 여정을
때가 되면 다시 시작하도록 하겠습니다!"

당권 잡으려고 새롭게 정치하는 건
아니라고 생각하지만
당 대표 재출마 안 한다고는 안 했다!

우리 대통령님 지지율이 떨어졌다고 하니
많이 안타까웠나 보오!
어서 오십시오, 당신의 활약을 기대합니다!

모래시계 검사의 복귀를 한국당이 싫어합니다.
I'll be back, 컴백 예고 준표에 대처하는 그들의 자세.

▶ 관련 보도

동아일보 2018. 9. 17. 두 달 만에 돌아온 홍준표… 싸늘한 한국당

▶ 관련 키워드

홍준표 귀국, 홍준표 정계 복귀 시사

뒤로가기 두 번 눌렀는데
누드사진이...
누 드
FBI WARNING
18
금지
틱
틱

그에게 회군이란

#회심의백스페이스 #신의손 #두번하면털린다

백스페이스를 눌렀더니 자료가 열렸다고?
백스페이스 두 번이면 warning.go.kr도 뚫는
대한민국 최고의 천재 해커!

기획재정부 산하 한국재정정보원이 운영하는
디지털예산회계시스템에 접속해
비인가 정부 예산 자료를 다운받았다는 심재철 의원.
청와대 업무추진비 사용 내역을 문제삼아
연일 폭로를 이어갔는데….

그러나 그 출중한 실력으로 입수한 자료에는
까도 까도 미담뿐!
슬슬 물러설 준비하셔야겠지요?

1980년 '서울역 회군'에 이은 또 한 번의 회군!
당신을 회군의 아이콘으로 인정합니다.

▶ 관련 보도

오마이뉴스 2018. 10. 4. 심재철 방어에 소극적으로 변한 한국당, 회군 준비?

▶ 관련 키워드

심재철 폭로, 심재철 회군

퓨마는
고양이과 동물 중에서도
가장 온순한 것으로
…
크오오오-

또 하나의 학대, 또 한 번의 내로남불

#김진태의원의퓨마사랑 #퓨마는안되고벵갈고양이는되나?

2018년 국정감사가 진행되던 10월 10일
정부세종청사에서 열린 국회 정무위원회의
국무조정실·총리비서실 국정감사에
우리에 갇힌 벵갈고양이 한 마리가 출석했다.

그 한 달 전, 대전의 한 동물원에서 탈출한
퓨마 한 마리를 사살한 것에 대한 김진태 의원의 이의 제기.

"사살된 퓨마와 비슷한 것을 가져오고 싶었는데
그 퓨마를 너무 고생시킬 것 같아…
동물을 아무 데나 끌고 다니면 안 되지 않나?
한번 보시라고 저 작은 동물을 가져왔…."

김진태 의원님, 퓨마는 불쌍하고 벵갈고양이는 안 불쌍합니까?

▶ 관련 보도

이데일리 2018. 10. 10. '퓨마 사살' 질타 김진태, 정작 고양이 학대 논란

▶ 관련 키워드

김진태 퓨마 사살 지적, 국감 벵갈고양이 출석

야당님들 1분... 2분... 3분... 99분
100분과 토론
자! 한 명씩 덤비지 말고
한꺼번에 덤비세요!
매에가 사람을 만든다!
나는 한 놈만 팬다...
나도 이젠 맞지 말고...

연총리의 100분 토론

#1대100 #다덤벼 #논리왕 #촌철살인 #팩트폭행

〈100분 토론〉 800회 특집에 출연한 이낙연 국무총리.
이 총리 특유의 '사이다 발언'을 언급하며
'말 잘하는 비법'을 알려달라 요청한 진행자.

"제가 말을 잘한다고 생각하지는 않습니다.
국회에 가면 질문하시는 의원님을 이기겠다는 생각을 가지면 안 되고요,
무심하게 텔레비전을 통해서 보시는 국민이 심판관일 거다,
의원님의 질문과 제 답변 중 어느 쪽을 국민들이
더 알기 쉬워하실까, 그런 것을 제가 좀 더 골똘히 생각한다,
이 정도의 영업 비밀은 알려드립니다."

한 명씩 덤비지 말고 한꺼번에 덤비세요!
이길 생각은 없는데 그쪽에서 자꾸 자폭해주시니
굳이 힘쓸 필요가 없어서 말입니다.

▶ **관련 보도**

중앙일보 2018. 10. 17. '사이다 발언' 이낙연 총리가 밝힌 토론 잘하는 법

▶ **관련 키워드**

이낙연 총리 100분 토론 초청, 사이다 총리 영업 비밀

03

서서히 지워지는 검은 그림자

지금까지 먹은 돈 다
배더라
에어포스원을 능가하는 초대형 블록버스터
우주의 기운으로 천만 돌파!
어이가 없네!
본격 국뽕영화!
국정원 30억 지원!
지금까지 이런 영화는 없었다!
(앞으로도 없을 영화지만...)

박근혜 주연, 국정원 제작 초대형 블록버스터

#국뽕영화 #우주의기운으로천만돌파 #어이가없네

어느 영화에 박정희 전 대통령이 등장한다는 소식이 들리면
촬영 시작도 전에 시나리오를 받아 가 내용을 파악하는 한편
영화계 밑바닥 정보를 수집해 블랙리스트, 화이트리스트를 작성하고
좌파 성향이라 판단한 영화는 지원 대상에서 삭제!
정권 유지에 유리한 영화만 쏙쏙 골라 투자 지원했던 박근혜 정부!

'아, 이걸로는 부족해.
문화융성과 창조경제를 한 방에 이뤄낼 특단의 조치가 필요해!'

영화로 안보하자는 문화강국 그네우드의 야심찬 계획이 있었으니,
"얼마면 돼? 얼마면 되겠니?"
대통령을 주인공으로 하는 영화를 만들면
30억 원 정도는 기꺼이 대줄 수 있다는 솔깃한 제안!
"우주의 기운으로 천만 돌파는 무난하지 않을까요?"

영화보다 더 영화 같은 실화!
지금까지 먹은 돈 〈다 배터라〉.
진짜 어이가 없네!

▶ **관련 보도**

한겨레 2017. 9. 10. [단독] 박근혜의 국정원 "대통령 주연 영화에 30억 대주겠다"

▶ **관련 키워드**

국정원 엔터팀, 문화계 좌파 척결, 블랙리스트, 화이트리스트

박근혜 후보 떨어뜨리러
나왔... 아니
국선 변호사 하려고
왔습니다!
흠칫!
인권이 어떻다구요?

AGAIN 2012 (feat. 이정희)

#떨어뜨리러왔 #어제의적 #뜻밖의소환 #누군가에겐악몽

지난 2016년 11월
최순실 국정농단 특별검사법안 처리를 앞두고
통합진보당 해산 심판 이후 소식이 뜸했던 이정희 전 대표가
느닷없이 포털사이트 실시간 검색어에 올랐다.

박근혜 저격수 이정희를 특별검사로!!!
누리꾼들의 추천 봇물! 뜻밖의 국민 성원!

이정희 : 박근혜 후보를 떨어뜨리려고 나왔습니다.
박근혜 : (그러거나 말거나)

2012년 12월 제18대 대통령선거를 앞두고 진행된 TV 토론에서
당시 새누리당 대표였던 박근혜 후보를 날카롭게 공격했던 그녀!
그날의 밉상 발언이 촌철살인으로 회자될 줄이야!

대국민 : 이정희를 특검으로!
박근혜 : (나 지금 떨고 있냐?)

▶ **관련 보도**

동아일보 2016. 11. 15. "'朴 대통령 저격수' 이정희를 특별검사로!" 누리꾼들 추천 봇물

▶ **관련 키워드**

최순실 특검 후보, 박근혜 국선변호, 박근혜 이정희, 박근혜 저격수

썩은 가지는
도려내야지!
쓱
싹!
썩은 나무는
도려내야지!
쿵
대한민국
국민
쾅!

국민이 도끼다!

#어설픈가지치기 #출당으론약해 #더쎈걸원해

2017년 11월 3일
박근혜 전 대통령 자유한국당에서 제명!

자유한국당은 국정농단 사건으로 구속 수감된 박 전 대통령에게
정치적 책임을 물어 '탈당 권유' 징계를 내리고 열흘 후
결국 당원 명부에서 삭제, 박 전 대통령과의 관계를 정리했다.

썩은 가지를 단칼에 쳐낸 레드홍!
그러나 하나만 알고 둘은 모르는 양반.
가지만 썩은 줄 알았지? 어이쿠, 뿌리째 썩었구먼.
금도끼 줄까, 은도끼 줄까?
노노, 국민이 도끼다!

잘해라!
촛불 들고 지켜본다!

▶ 관련 보도

서울신문 2017. 11. 3. 한국당, '1호 당원' 박근혜 출당… 홍준표 "朴 당적은 사라지지만"

▶ 관련 키워드

박근혜 출당, 박근혜 제명

배가 기울고 있어...
엄마 아빠 보고 싶어...
그래요?
이것이 팩트입니다

팩트 체크는 아무나 하나

#암쏘쏘리벗알러뷰다거짓말 #올림머리는생명

2014년 4월 16일 오전 8시 52분, 승객 476명을 태우고
인천에서 제주로 향하던 여객선 세월호가
진도 인근 해상에서 속절없이 침몰하기 시작한 그때!
온 국민이 TV 화면을 통해 발을 동동 굴렀던 바로 그날!
대통령은 오후 5시 15분이 돼서야
정부서울청사 중앙재난안전대책본부에 모습을 드러냈다.

첫 서면보고 시각에서 중대본 방문까지 무려 7시간
대통령은 어디서 무엇을 했나?
논란이 지속되자 청와대는 홈페이지에 '이것이 팩트입니다'
세월호 사고 당일 박근혜 전 대통령의 행적에 대해 공개 해명했는데…
검찰 수사 결과 대부분 거짓인 것으로 드러났다.

더 기가 차는 건,
뒤늦게 중대본에 납실 때에도
미용사를 불러 머리 손질을 하셨다는 것.
목숨보다 소중했던 올림머리.

▶ **관련 보도**

서울신문 2018. 3. 29. [팩트체크] '세월호 7시간' 검찰 수사로 드러난 '박근혜 청와대'의 거짓말

▶ **관련 키워드**

이것이 팩트입니다, 세월호 7시간, 세월호 골든타임

잃어버린 30분

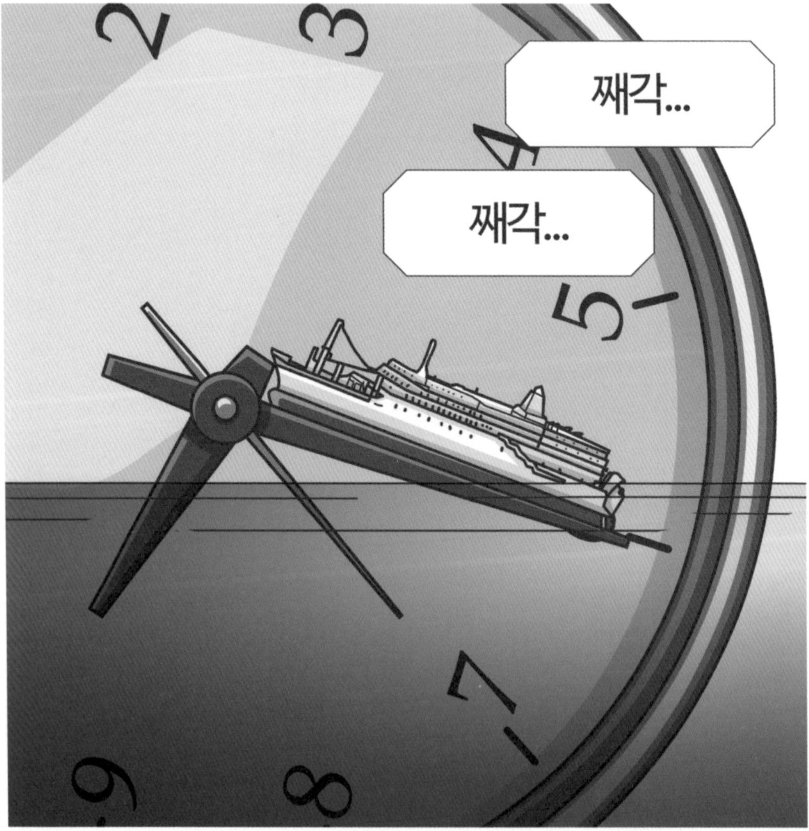

놓쳐버린 골든타임

드르륵~!

똑똑똑, 최후의 문이 열린다!

#문고리3인방 #우병우 #구속하라

♬ 문이 열리네요, 그대가 들어오죠.
첫눈에 난 내 사람인 걸 알았죠 ♬

문을 걸어 잠근 대통령 박근혜.
그 앞을 철통 방어하는 문고리 3인방.
그 문을 여는 자, 누구인가!

'정윤회 국정농단' 문건 유출 사건이 촉발시킨
인사 개입과 전횡의 서막.
꼬리 밟힌 문고리 3인방을 대신해
새로운 권력으로 부상한 우병우.
문고리 3인방이 아니라 문고리 4인방이었다!

그릇된 의기투합, 불온한 국정 장악의 최후!
이제 열 수 있는 문은 단 하나!
어서 와, 교도소는 처음이지?
불통의 철옹성을 구축한 대가는 구속!

▶ **관련 보도**

세계일보 2014. 11. 28. [단독] 비선실세그룹 '십상시'… 국정 정보 교류·고위직 인사 간여

▶ **관련 키워드**

정윤회, 비선실세, 십상시, 정윤회 문건 유출 사건

돈으로
다 가려질 줄 알았지?

돈으로 다 가려질 줄 알았지?

#띄어쓰기의비밀 #동음이의어주의요망 #역적놈들의합의

2015년 12월 28일에 단행된
일본군 위안부 피해와 관련한 한일 양국 정부의
최종적이고 불가역적인 합의란?

알량하기 그지없는 10억 엔!
돈밖에 모르는 사람들에게 고함!
진정한 반성과 사과가 먼저다!

돈이라고 다 같은 돈인 줄 아십니까?
소녀상 건립을 지원하지 않는다는 이면 합의까지…
피해자들의 의견을 수렴하지 않은 완벽한 실패작!

불가역적 不可逆的

주위 환경의 변화에 따라 이리저리 쉽게 변하지 않는

불가 不可 역적 逆賊

옳지 않은, 자기 나라나 민족 또는 통치자를 반역한 사람

▶ **관련 보도**

프레시안 2017. 12. 27. 위안부 '불가역적 해결', 박근혜 청와대가 밀어붙였다

▶ **관련 키워드**

박근혜 정부 위안부 합의, 불가역적 해결, 위안부 10억 엔 배상

댓글에도 지문이 있다

#국정원 #댓글부대 #원세훈 #이명박

2012년 대한민국 대통령 선거 기간 중
대한민국 국가정보원 심리정보국 소속 요원들은
당시 원세훈 원장의 지시에 따라 인터넷상에
대선 후보 박근혜에 우호적인 게시글을 남기는 한편
야권 후보를 비방하는 댓글을 달아 여론을 조작했다.
이른바 국정원 댓글 사건, 대선 개입 사건!

헌법을 유린하고 국민을 무시한 국가정보원의 만행!
나라를 팔아먹은 매국노의 그것과 무엇이 다른가!

그런데 그때
"야당이 선거에서 승리하면 국정원이 없어진다."
라고 말한 사람이 있었으니… 누구였을까?
익숙한 MB의 스멜!

▶ **관련 보도**

동아일보 2018. 4. 20. 5년간 5번째 선고… '국정원 댓글' 원세훈 징역 4년 확정

▶ **관련 키워드**

국정원 여직원 오피스텔, 원세훈, 댓글 부대, 이명박

돌아오라!
마봉춘, 고봉순!
MBC 김장겸!
KBS 고대영!
물러나라!
당신은 뭐야?
MB 씨
물러나라며!
MBC
KBS

돌아오라 마봉춘, 고봉순!

#돌마고 #진짜주인공은MB씨

공영방송(public broadcasting, 公營放送)
방송의 목적을 영리에 두지 않고, 시청자로부터 징수하는 수신료 등을
주재원(主財源)으로 하여 오직 공공의 복지를 위해서 행하는 방송을 말한다.
(출처 : 두산백과)

방송국 로고송을 정겹게 흥얼거리던 때가 있었다.
♬ 뚱뚜둥 뚱뚱~ 만나면 좋은 친구 MBC 문화방송~~~
♬ 정성을 다하는 국민의 방송~~~ KBS 한국방~송~~

2008년 미국산 쇠고기 수입 문제 보도,
2010년 4대강 사업 실체,
MB로부터 촉발된 방송 검열은
2014년 세월호 참사 오보,
2016년 최순실 국정농단 은폐로 이어지는데….

공영방송 뉴스도 못 믿는 세상!
제발 기본 좀 지킵시다!
공영방송을 망가뜨린 공범자들은 MB 곁에 나란히!

▶ 관련 보도

텐아시아 2017. 8. 9. '공범자들' 공영방송의 잔혹 몰락사 "언론의 자유를 위하여"

▶ 관련 키워드

영화 공범자들, 공영방송, 김장겸, 고대영, 언론 장악

군부독재

언론독재

데칼코마니

#닮았다 #독재의그림자

군부독재나 언론독재나 도긴개긴.
칼보다 무서운 게 펜이라 했거늘
총만 안 들었을 뿐 사람 죽이는 건 매한가지.

민주주의를 후퇴시킨 사람들.
국정원을 앞세운 철저한 언론 통제, 인권 탄압, 정치 공작.
닮아도 너무 닮았다.
완벽한 데칼코마니.

국가정보원은 대통령 직속기관으로서
국가안전보장에 관련되는
정보, 보안 및 범죄 수사에 대한 사무를 담당합니다.
(정부조직법 제17조)

국가안전보장을 해치는 국정원은 반성하라!
국정원을 뒤흔든 무능한 전직 대통령들은
제발 정신 좀 차리시길!

▶ 관련 보도

미디어스 2017. 10. 13. 언론 공작은 국정원의 DNA적 속성인가?

▶ 관련 키워드

언론 공작, 언론독재, 군부독재, 국정원

그거 다 보면
나랑 감방 가는 거다!
전두환
회고록
1
내가 원조
내 머릿속 지우개_

치매는 국가가 책임집니다

#알츠하이머전전대통령 #문재인정부특수누려

머릿속 지우개가 무서워 회고록을 쓰셨나 봅니다.
그런데 어쩌죠, 발병 후에 쓰신 거라 잘못된 내용이 많아요.
걱정 마세요. 문재인 정부의 치매 국가 책임제가 있잖아요.
덕 좀 보실 것 같네요.

"수많은 사람들이 (5·18 때) 그(전두환)로 인해서 목숨을 잃었다.
사형 선고받고 그다음에 감형되고 나중에 사면을 해줬다.
고통을 당한 사람이 사면까지 해줬다. 그럼 이 사람이 해야 할 건
회고록을 써야 할 것이 아니라 참회록을 써야 한다."
- 채널 A <외부자들> 진중권 발언 中 -

참회록은 감옥 안에서 쓰는 걸로!
503호와 공동 출간은 어떠신지요?
무료 전자책 발행을 추천합니다!

▶ 관련 보도

연합뉴스 2018. 8. 27. 재판장 "전두환, 알츠하이머인데 회고록 어떻게 썼나" 의문 제기

▶ 관련 키워드

전두환 회고록, 전두환 알츠하이머

댓글부대

이 안에 너 있다

#마트료쉬카 #결국엔잡힌다

댓글부대

|

국정원

|

국정원장

|

국방부장관

|

MB

|

쥐

까다 보면 결국 나와.

적폐청산 쥐잡이 특공대!

▶ **관련 보도**

이데일리 2017. 12. 5. '군 댓글 공작 의혹' 김태효 검찰 출석… MB청와대 인사 첫 조사

▶ **관련 키워드**

댓글 공작, 군 정치 공작, 국정원 댓글 사건

MB

누구를 위한 집회인가

#민주노총 #로고소름 #MB노총인가

2017년 10월 23일,
박근혜 전 대통령의 탄핵을 이끌어낸 시민사회단체들이
촛불집회 1주년을 맞아 청와대 앞으로 행진을 하겠다고 발표했는데….

왜? 왜 청와대야?
국회로 가서 적폐 청산하고 스스로 개혁하라 외치고
MB 집 앞에 가서 시위하는 게 정상 아니야?
가만가만, 이거 민주노총의 로고가….
소오름! 묘하게 포개지는 MB 라인!

분별력 있는 촛불시민의 발 빠른 대처 덕분에
우리는 그날 여의도에 모여 촛불 1주년을 기념하는 축제
'촛불 파티'를 열 수 있었다는 아름다운 후일담.

촛불 기념일에 시위가 웬 말이냐!
대통령이 만만하냐!
우리는 여의도로 가서 파티하며 놀 거다!
니들은 싸우든가 말든가!

▶ **관련 보도**

한겨레 2017. 10. 24. 촛불 1주년 집회 '청와대 행진' 해야 하나, 말아야 하나?

▶ **관련 키워드**

민주노총, 촛불 1주년, 여의도 촛불 파티

그래서
다스는 누구 꺼라고?
플랜다스의 개
파트랏쉬!
아무일
없는 것처럼
걸어...

플란다스의 개 오마주, 플랜 다스의 계

#다스는누구의것입니까 #파트랏쥐 #네로할아버지는다스

다스는 누구 겁니까?
답하지 않으신다니 저희가 직접 알아보고자 합니다.
이름하여 플랜 다스의 계(契).

다스 주식을 일정량 이상 사들여
다스의 실제 소유 구조를 확인하고자 한
시민 모금 프로젝트!
계좌를 개설한 지 열이틀 만에 참여한 사람 1만 5,000명!
모인 돈은 약 70억 원!

'금 모으기 운동'으로 IMF도 이겨낸 우리 국민의 파워!
다스의 실체를 밝히고자 하는 이들의 치밀한 플랜이 시작됐다!

▶ **관련 보도**

JTBC 2017. 12. 12. [앵커브리핑] 플랜다스의 계… '네로의 할아버지는 다스'

▶ **관련 키워드**

플랜다스의 계, 플란다스의 개

감방
언제 갈 고양?!
턱!

꼬리가 길다

#다스는누구겁니까 #감방언제올고양 #금방갈고양

패러디, 이렇게 쉬운 거였나?

꼬리가 길면 밟힌다스~
감방 언제 올 고양?!

속담도, CF도 모두 우리 편!

이제 쥐구멍에 볕들 날은 없어!
더 이상 빠져나갈 구멍도 없어!
쥐구멍 막고 쥐꼬리 밟기 신공!

▶ **관련 보도**

연합뉴스 2018. 3. 22. '구속갈림길' MB 집 앞, 차량 통제·취재진 집결… 지지자는 없어

▶ **관련 키워드**

이명박 구속영장 청구

뽀
각

가카의 티타임

#그래서다스는누구겁니까 #가카다스

다스의 실체가 밝혀질 때까지
다스 풍자는 계속된다!!!

쿠키의 명작 쿠크다스!
MB의 졸작 가카다스!
녹조라떼 맛 가카다스는 잘 부서진다.
부스러기 많고요, 완전 지저분.

▶ **관련 보도**

오마이뉴스 2017. 12. 2. 서초동 삼거리에 모인 촛불… "이명박 구속" 촉구

▶ **관련 키워드**

이명박 풍자, 이명박 쿠크다스

고막이 터질 때까지 외쳐봅니다!
다스는 누구 겁니까?

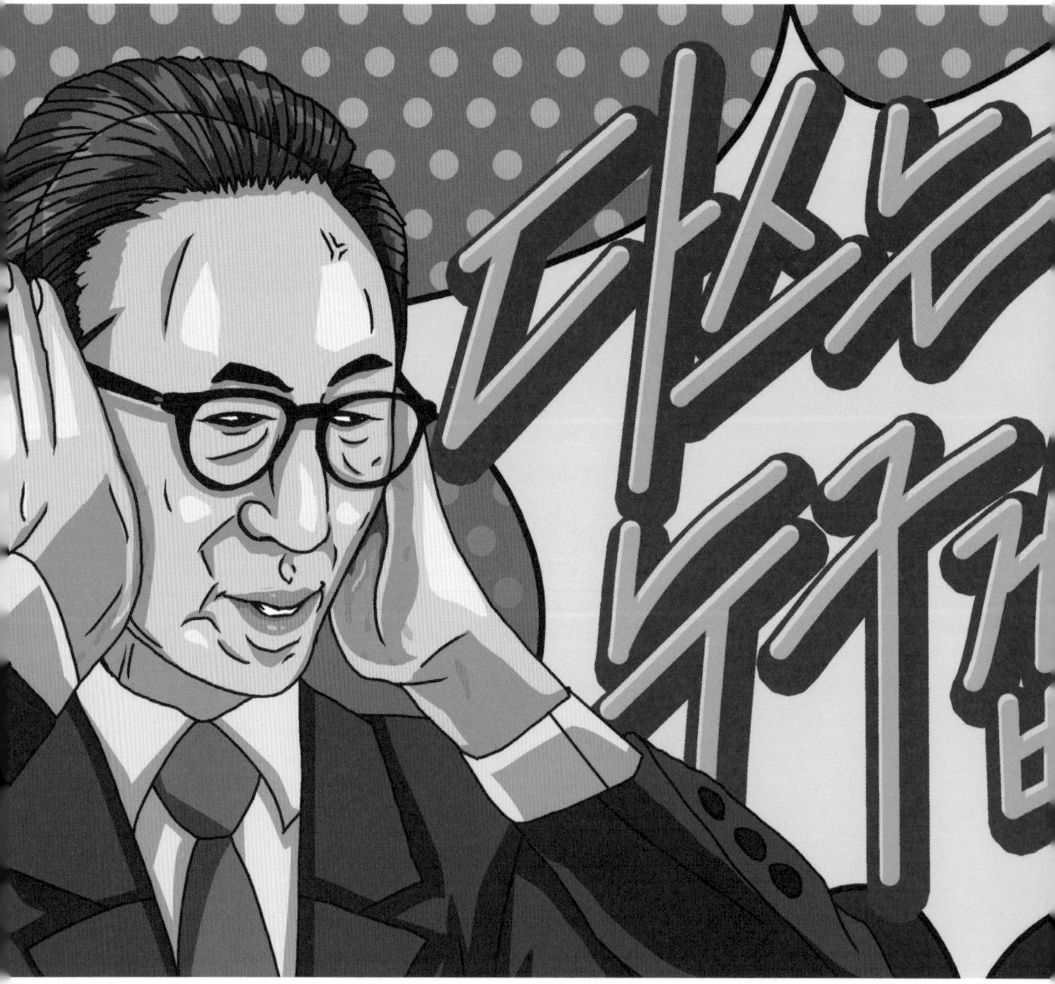
다스는
누구

까?
다스요!
다까라
시바사키!
140
검은집

배고픈 MB를 위하여

#이명박오행시 #이명박구속기원

이 명박은 배고픕니다.

명 박산성 짓고 물대포를 쏘시느라 그는 아직 배고픕니다.

박 살 내버린 언론과 4대강, 방산비리 등 그는 아직 배고픕니다.

구 차한 거짓말의 연속, BBK 돈이면 다 되는 줄 아는 그는 아직 배고픕니다.

속 깊은 그가 이제 더 이상 배고프지 않도록…
삼시 세끼 나오는 따뜻한 감방에서 영원히 행복하세요!

▶ **관련 보도**

동아일보 2018. 3. 23. 이명박 구속, 서울 동부구치소 첫 식사는 모닝빵에 두유

▶ **관련 키워드**

이명박 구속, 이명박 동부구치소

나라를 망친
2명, 박!!!
박 선배...
503
716

나라를 망친 2명, 박

#적폐선후배 #대통령은이선배 #구속은박선배

촛불 1주년 기념 여의도 촛불 파티에서 개최된
제1회 대한민국 적폐 어워드!
나라를 망친 최고의 적폐 인물, 대상은?!
두구두구두구두구~~~~~~~~~~~
축하합니다! 공동 수상입니다. 박근혜 그리고 이명박!
놀랍지도 않다! 공동 수상!!

503 : 어서 와, 감옥은 처음이지?
716 : 박 선배, 그래도 대통령은 제가 먼저 했습니다.

앞서거나 뒤서거나 구린 건 구린 거야.
함께해서 한층 더 더러웠다.

신인상 : 최순실
커플상 : 박근혜 ♥ 최순실
공로상 : 우병우

논란 없는 시상식.
받을 사람이 골고루 받았다는 평가가 줄을 이어….

▶ 관련 보도

시사포커스 2017. 10. 29. '대한민국적폐 대상'에 박근혜·이명박 공동 수상

▶ 관련 키워드

적폐 어워드, 적폐 대상

오늘부터 1일이다!
503
716

오늘부터 1일이다!

#MB구속 #만나서반가운감빵친구

2018년 3월 23일 이명박 전 대통령 구속 수감!
이제 이명박 전 대통령이라 부르지 마오.
'수인번호 716 이명박'이라 불러주오!

전두환, 노태우, 박근혜 전 대통령에 이어
네 번째로 구속된 전직 대통령!
그리고 23년 만에 두 전직 대통령 동시 구속!

뇌물 수수, 횡령, 조세 포탈 등 재산 문제는 기본이고
재임기간 중 민간인 불법사찰,
국정원과 국군 사이버사령부의 댓글 공작,
여기에 자원 외교, 방산 비리, 4대강 사업까지…
역대급 범죄에도 반성은커녕
증거 인멸 가능성이 농후한 후안무치의 전형!

오늘부터 1일이다!
이제부터 시작이다!
끝날 때까지 끝난 게 아니야!

▶ **관련 보도**

한겨레 2018. 3. 23. 이명박 구속, '비리의 쓰나미'가 몰려온다

▶ **관련 키워드**

이명박 구속, 전직 대통령 구속

경제 성장률

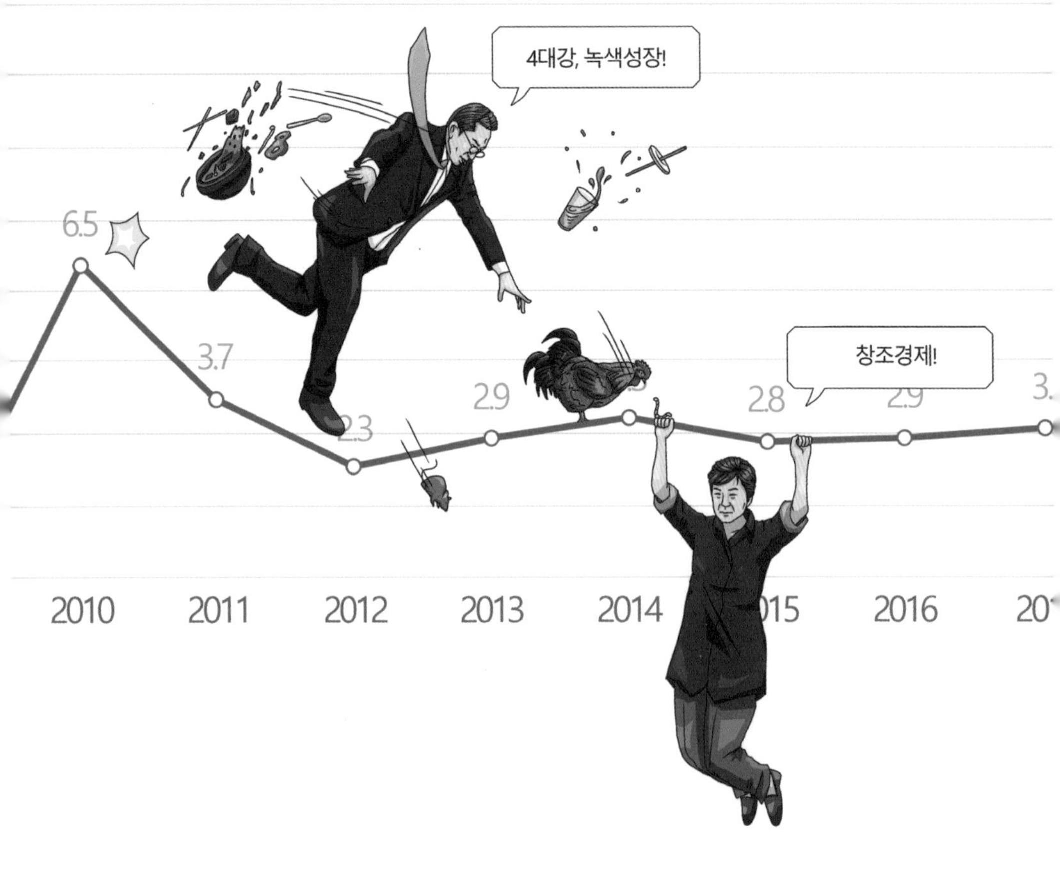

범인을 잡았다!

#경제망쳤닭 #미안하지않니 #적폐그래프

4대강은 녹색성장으로 이어지지 못했고,
창조경제는 창조적으로 말아먹고 말았다.

경제 성장률 그래프가 적나라하게 보여주는
이명박근혜 정부 9년의 스코어!
나라 경제는 너희들이 망쳤다!

▶ **관련 보도**

MBC 2018. 6. 4. 靑 "이명박 박근혜 시절 2%대 성장 3%대로 회복 중"

▶ **관련 키워드**

경제 성장률, 경제 정책 실패

김 여사 가방에 들어가신다.

김 여사가 방에 들어가신다.

3,000만 원짜리 명품 포장지

#에르메스는포장지일뿐 #에르메스망신

받긴 받았지만 받은 게 아니다?
재미 사업가로부터 받은
3,000만 원 상당의 에르메스 명품 가방.
두 달이 지나고서야 돌려줬다는데,
그러니까 일단 받은 건 팩트!
문제는 그 안에 들어 있었던 현금 3만 달러의 행방.

세상에 에르메스를 돈 봉투로 썼네!
가방 안에 있었던 현금 3만 달러가 알맹이.
에르메스, 의문의 1패!

가방 좋아하는 김 여사님.
가방으로 흥한 자, 가방으로 망합니다.
가, 방으로!

▶ 관련 보도

JTBC 2018. 03. 20. "두 달 만에 돌려줘"… 정두언이 밝힌 '김윤옥 명품가방' 사건

▶ 관련 키워드

김윤옥 에르메스, 김윤옥 가방

아프냐?
!
쩔뚝!
삐끗
503
당뇨
나도 아프다!
국민이 더 아프다...

오래오래 사세요!

#하다하다아프다고시위 #지랄도병이다

부디 오래오래 사시기 바랍니다.
어디에서? 감옥에서!
그곳은 호텔 스위트룸 수준이라면서요.
감옥에 있어도 그 문턱 높다는 서울대병원에
턱턱, 입원도 시켜주는데
굳이 나오실 이유가 없습니다!

그런데 말입니다.
아프단 소리가 나옵니까?
상처받고 아픈 건 바로 국민입니다.

▶ **관련 보도**

머니S 2018. 7. 31. 서울대병원 찾은 MB vs 성모병원 간 박근혜… 이유는?

▶ **관련 키워드**

박근혜 치료, 이명박 입원, 대통령 재수감

우리는 기억합니다

REMEMBER
2014. 4. 16

가슴속에 영원히…

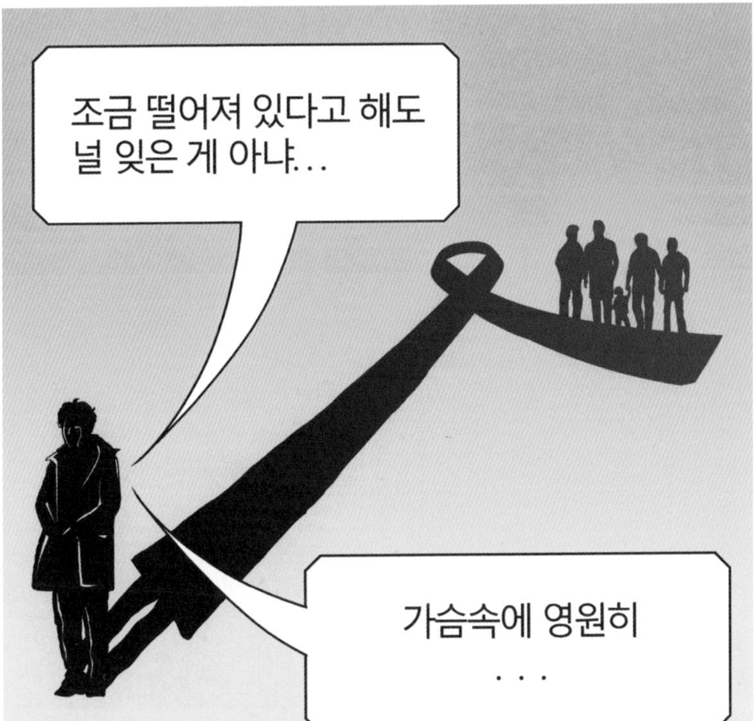
조금 떨어져 있다고 해도 널 잊은 게 아냐…
가슴속에 영원히 …

악어의 눈물

#기무사조언 #박근혜눈물연기

2014년 6월 기무사에서 작성한 문건에는 이런 내용이 있었다.
세월호 선체 인양 반대, 수장 여론을 조성하고
인양의 불필요성에 대한 공감대 확산 및 인양의 비현실성을 홍보….
여기에 '對국민 담화간 PI 제고방안 제언'까지.

여기서 PI란 President Identity의 약자로
'대통령 이미지'를 뜻하는 홍보 전문 용어.

'감성적 모습' 강조
'희생자 이름을 일일이 호명' 제안!

각본대로 움직인 무능한 대통령!
찔끔찔끔 쥐어짜낸 눈물, 악어의 눈물!
소름 돋는 연극, 최악의 발연기!

▶ **관련 보도**

YTN 2018. 7. 12. 기무사, 세월호 수장 제안… 朴 눈물도 기무사 조언?

▶ **관련 키워드**

기무사 박근혜 눈물

4.16

416

세월호 추모공원은
아이들이 뛰어놀던 그곳,
화랑유원지에 마련되었으면 합니다.

드르륵~

푸르게 푸르게

#언론적폐 #폐간이답이다 #나무를살립시다

조중동만 문제냐!
한경오도 똑같다!

권력에 기대 기생하는 수구 언론은 필요 없다!
편가르기도 모자라 악의적 편파보도를 쏟아내는 것은
보수 언론, 진보 언론 다를 바 하나 없으니….

나무를 잘라서
쓰레기를 만드는 언론 적폐!
조중동한경오 폐간하여
나무도 살리고
우리 강산 푸르게 푸르게!

▶ **관련 보도**

미디어오늘 2017. 4. 20. '한경오'는 가난한 조중동, 몽둥이가 답이다?

▶ **관련 키워드**

조중동, 한경오, 조중동한경오

저는 현재 36년째 군복을 입고 있는 군인이다.
군인으로서 명예를 걸고,
양심을 걸고...
도·감청 행위 의혹
세월호 유가족 사찰
위수령, 계엄령 선포 검토문건 작성
민간인 수백만 명 사찰 의혹
노무현 전 대통령과 국방 관의 통화내용 감청 의혹
노무현 자서전 서적 취급 의혹
노무현 서거 당시 요원들 환호 의혹
60단위 기무 수집 의혹...등등

명예와 양심을 걸고 하극상

#군인정신은어디에 #명예와양심을함부로걸지말것

군기무사령부 민병삼 대령,
"36년째 군복을 입고 있는 군인이며, 명예와 양심을 걸고 답변을 드린다."

송영무 국방부 장관,
"전혀 아니다. 완벽한 거짓말이다."

박근혜 전 대통령 탄핵 선고를 앞두고
국군기무사령부가 위수령과 계엄령 선포를 검토했다는
놀라운 문건이 발견되었다. 그런데 여기서
송영무 국방장관이 위수령은 잘못된 것이 아니라고 했다는
기무사 민병삼 대령의 폭로!

여기서 중요한 것은 위수령 문건이 누구의 지시로 작성되었고,
실제 실행 계획이 있었느냐인데…
기무사 하극상, 송영무 진실공방으로 추가 기울고 말았다!
누구를 위한, 무엇을 위한 폭로인가!
36년째 군복을 입고 있는 그가 군인으로서의 명예와 양심을 걸고
하극상을 벌인 진짜 이유는? 왜 때문이죠?

▶ 관련 보도

중앙일보 2018. 8. 14. "송영무와 대립한 민병삼 대령에 '상관 모욕죄' 검토"

▶ 관련 키워드

민병삼 기무사 하극상

삭제가 가장 쉬웠어요

#디가우징 #증거물삭제 #민주주의도삭제

1970년대 박정희 독재정권 시절
12건의 긴급조치 사건 유죄 판결!
이후 박근혜 정부에서는
정부에 비판적인 판사들의 블랙리스트를 작성하여 감시, 사찰!
명백한 사법행정권 남용!

그랬던 그가 조사에 응하지도 않고,
자신의 하드디스크마저 복구 불가능하게 삭제!
이른바 '디가우징'을 해버렸다.

박근혜 정부 입맛에 맞는 판결을 해왔다는 의혹.
이제는 의혹을 넘어 박근혜 정부 비선 의료진의
특허 분쟁 소송을 도왔다는 증거가 드러나고
일선 법원 운영비를 빼돌려 비자금을 조성한 정황까지….
점입가경 양승태 사법부!

양승태, 당신이란 존재를 디가우징 하고 싶다!

▶ **관련 보도**

미디어스 2018. 6. 27. 양승태 하드디스크 디가우징, 사법부 존재가치마저 지웠다

▶ **관련 키워드**

양승태 대법관, 양승태 하드 삭제, 디가우징, 사법부 블랙리스트

Merry
ChristDas

503번 방의 선물

#503호를위한크리스마스선물 #힘을내요윤석열

국정원 댓글 수사 외압에 이은 징계로
이후 지방 고검을 전전했던 윤석열 지검장.
2016년 12월 박영수 특별검사팀 수사 팀장으로 일선 복귀!
크리스마스를 앞두고 돌아온 칼잡이!

그리고 2017년 크리스마스를 앞두고
2013년 남재준 원장 시절의 국정원 댓글 수사를 막기 위해
현 서울중앙지검장이 이끌었던
검찰 댓글 특별수사팀 와해 기도 정황 포착!

산타 석열, 올해도 기다립니다.
올해는 503번과 그의 친구들에게
좋은 선물 부탁해도 될까요?

▶ 관련 보도

연합뉴스 2017. 11. 26. 박근혜 국정원 '윤석열 수사팀' 와해 기도… 청와대에 'SOS'

▶ 관련 키워드

윤석열 수사팀, 박근혜 국정원 내부 문건

갤럭 시s
8
더 얇게!
더 가볍게!

형량도 갤럭시처럼

#고작12년 #깃털같은형량

뇌물 공여.
특정경제범죄 가중처벌법(특경법)상 횡령.
특경법상 재산국외도피.
범죄수익은닉 규제 및 처벌법 위반.
국회에서의 증언, 감정에 관한 법률 위반(위증).

혐의는 많고 반성은 없지만 고작 12년 구형!
유전무죄 무전유죄!

더 얇게, 더 가볍게!
형량도 갤럭시처럼!
맘먹으면 다 되는 재벌의 삶!
역대 재벌 총수 가운데 최고 구형량이라는 게 더 소름!
국민이 호구냐?!

▶ **관련 보도**

이데일리 2017. 8. 9. '이재용 징역 12년' 구형에 법조계 "중형 불가피" vs "본말전도"

▶ **관련 키워드**

이재용 구형, 이재용 12년

삼성은 무죄!
척!
SAMSUNG
삼성의 눈으로 세상을
보겠습니다.

파란 피가 흐른다

#혈맹 #피가파랗다 #눈도파랗다 #삼성人 #양심도파란색

박근혜 전 대통령에게 부여된
18개 공소사실 중 16개가 유죄로 인정.
그렇다면 무죄 2개는?
삼성의 뇌물 관련 혐의 2개가 무죄!

한국동계스포츠영재센터에 대한 후원금 16억여 원,
미르와 K스포츠재단이 재벌 기업들로부터 받은 출연금
204억 원 등은 뇌물로 인정되지 않았다.
이재용 부회장 승계 작업이라는 현안과 관련하여
부정한 청탁이 있었다고 보기는 어렵다고 판단했기 때문!

삼성의 눈으로 세상을 보는 재판부!
여기저기 사법부 적폐!
방법은 불매운동밖에 없는 것인가?
이번에도 국민이 나서야 한단 말인가!

▶ 관련 보도

JTBC 2018. 4. 6. 삼성 뇌물은? 승마지원금 '유죄' 재단·영재센터 '무죄'

▶ 관련 키워드

삼성 뇌물 무죄, 김세윤 재판장

광고 연장 갑시다!
전면광고
또 하나의 가족
SAMSUNG
한겨레
대통령-이재용 만나
부당거래?...
담
덤벼라 문빠들...

한겨레의 내로남불

#내가하면로맨스남이하면불륜 #광고비많이받으셨어요?

2018년 7월 10일 자 한겨레 1면 TOP 기사!
고개 숙여 인사하는 이재용 부회장!
'문 대통령, 재판 중 이재용과 만남 "친기업 선회" "정치적 해석 경계"'

그리고 마지막 28면에 등장한
삼성 전면 광고!

거래 성공!
또 하나의 가족!
조중동 탓할 것 없다!
내로남불!

▶ **관련 보도**
한겨레 2018. 7. 9. 문 대통령, 재판 중 이재용과 만남 "친기업 선회" "정치적 해석 경계"

▶ **관련 키워드**
문 대통령 이재용 만남

게임을 시작하지!

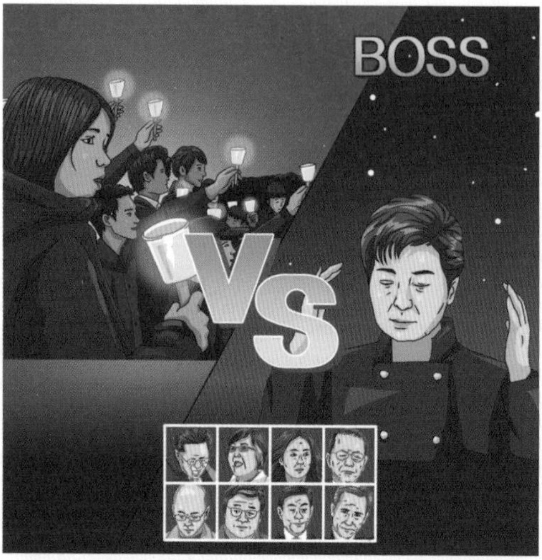
BOSS
VS

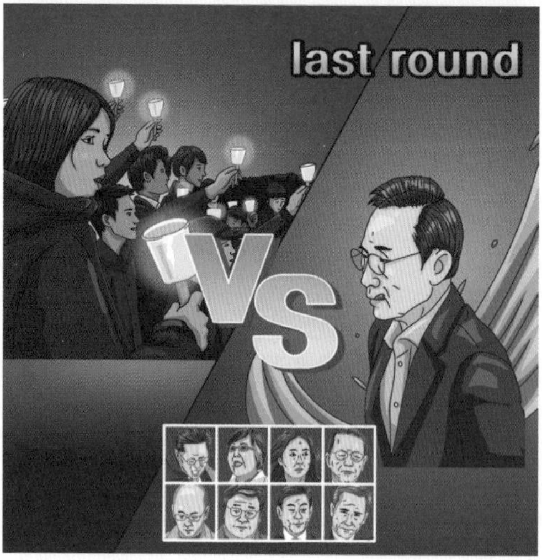
last round
VS

Secret stage
VS

바뀐 건 대통령 혼자가 아니야!

촛불시민이 세상을 밝히고 있습니다!

부록

국민에게 감동 안긴 문재인 대통령의 말과 글

촛불은 위대했습니다.

촛불은 새로웠습니다.

촛불은 끝나지 않은 우리의 미래입니다.
국민과 함께 가야 이룰 수 있는 미래입니다.
끈질기고 지치지 않아야 도달할 수 있는 미래입니다.

- 2017. 10. 28. 촛불집회 1주년 SNS 메시지 中 -

TIME
THE NEGOTIATOR

방화복도 없이 화마와 맞섰던 시절이 있었고,
사다리차도 없이 대형 화재를 상대했던 때도 있었습니다.
소방이 국민의 든든한 이웃이 되기까지
선배 소방관들의 무한한 책임감이 있었습니다.

소방관은 삶과 죽음의 기로에 선 국민의 손을
가장 먼저 잡아주는 '국가의 손'입니다.

119를 호출하면 구조될 수 있다고

국민은 믿고 있습니다.

그동안 소방관 여러분은 혼신의 힘을 다해

그 믿음에 보답해왔습니다.

고맙고 자랑스럽습니다.

- 2017. 11. 3. 제55주년 소방의 날 기념식 기념사 中 -

임시정부는 대한민국의 뿌리입니다.
대한민국의 법통입니다.

대한민국 헌법에 임시정부의 법통을 계승한다고 명시했습니다.
우리는 임시정부 수립을 대한민국 건국으로 보고 있습니다.
2019년이면 3·1운동 100주년이면서
대한민국 임시정부 수립 100주년이 되고,
그것은 곧 대한민국 건국 100주년이 됩니다.
건국 100주년이 되도록 우리가 대한민국 임시정부를
제대로 기념하고 기리지 못했다고 생각합니다.

우리가 역사를 제대로 기억해야 나라도 미래가 있다고 생각합니다.
우리가 2019년에 맞이하는 임시정부 수립 및
대한민국 건국 100주년을 기념하고 그 정신을 살려내는 것이
대한민국이 국격 있는 나라로 우뚝 서는 길이라고 믿습니다.

- 2017. 12. 16. 대한민국 임시정부 청사 방문 中 -

1991년 8월 14일,
역사를 바꾼 그날의 용기를
절대 잊지 않겠습니다.

우리가 나라를 잃었을 때 국민을 제대로 지켜주지 못했습니다.
그때 할머니들은 아주 모진 세월을 보내야 했고
많은 고통과 아픔을 겪었습니다.
나라를 되찾았으면 할머니들의 아픔을 다 보듬어드리고
한을 풀어드려야 되는데 그러지 못했습니다.
지난 정부에서 우리 할머니들 의견을 제대로 듣지도 않고,
할머니들 뜻에 어긋나는 합의를 일본과 하게 되어서
정말 할머니들께 죄송스럽다는 말씀드리고 싶습니다.
대통령으로서 사과 말씀을 드립니다. 그 합의는 내용이 잘못됐습니다.
내용면에서는 진실과 정의라는 원칙에 어긋나는 합의였고,
절차적으로도 피해자인 우리 할머니들 의견을 제대로 듣지 않고
정부가 일방적으로 합의를 한 것이어서 아주 잘못됐다고 생각합니다.

저는 이용수 할머니가 작년 촛불집회 때
광화문 단상에 오르셔서 아리랑을 부르시며
"내 나이가 아흔인데, 내 나이가 딱 활동하기 좋은 나이다."
라고 말씀하셨던 기억이 생생합니다.
오래오래 건강하시고, 위안부 문제는 진실을 찾고 정의를 찾을 때까지
건강하게 역할을 해주시기를 바라 마지않습니다.

- 2018. 1. 4. 일본군 위안부 생존자 초청 오찬 간담회 中 -

지난 1년 저는 평범함이 가장 위대하다는 것을 하루하루 느꼈습니다.
촛불광장에서 저는 군중이 아닌 한 사람 한 사람의 평범한 국민을 보았습니다.
어머니에서 아들로, 아버지에서 딸로 이어지는 역사가
그 어떤 거대한 역사의 흐름보다 중요하다는 것을 깨달았습니다.
한겨울 내내 촛불을 든 후 다시 일상을 충실히 살아가는
평범한 가족들을 보면서 저는 우리의 미래를 낙관할 수 있었습니다.
우리가 민주주의 역사를 다시 쓸 수 있었던 것은 그렇게 평범한 사람,
평범한 가족의 용기 있는 삶이 우리 주변에 항상 존재하고 있었기 때문입니다.
저는 그것이 너무나 자랑스럽습니다.
덕분에 우리는 오늘 희망을 다시 이야기할 수 있게 되었습니다.

평범한 삶이 민주주의를 키우고
평범한 삶이 더 좋아지는 한 해를 만들겠습니다.

- 2018. 1. 10. 2018 신년 기자회견 中 -

지난 2004년 노무현 대통령은
역사적인 국가균형발전 시대를 선포했습니다.

그러나 안타깝게도 우리는 아직
국가균형발전 시대를 말하기는 까마득히 멉니다.
국가균형발전정책이 일관되게 추진되지 못했습니다.
여전히 지방의 어려움이 계속되고 있습니다.

중앙집권적 국가운영 방식도 크게 바뀌지 않았습니다.
이런 상황이 지속된다면 지금까지 이뤄온
국가균형발전의 성과마저 멈출지 모릅니다.
사회적 양극화와 함께 지역 간 불균형이
더욱 심화될 수 있습니다.

우리는 새로운 패러다임으로
국가균형발전의 엔진을 다시 힘차게 돌려야 합니다.

우리 정부는 참여정부보다 더 발전한
국가균형발전정책을 더 강력하게 추진할 것입니다.
분권과 포용, 혁신의 가치를 기반으로
지역이 주체가 되어 균형발전을 이끌도록 할 것입니다.
중앙정부가 주도했던 기존 방식에서 벗어나
자치단체가 정책과 사업을 기획하고
중앙정부가 지원하는 시스템으로 전환할 것입니다.

- 2018. 2. 1. 국가균형발전 비전과 전략 선포식 中 -

아리 아리~

이곳 강원도는 자랑거리가 참 많은 곳입니다.
천혜의 바다와 산, 지역 공동체의 전통 축제들,
자연이 내준 건강한 먹거리들은
여러분과 함께 즐기고 싶은 강원도의 자랑입니다.
그중에서도 겨울 추위는
동계올림픽을 치르기 위해 강원도가 준비한 특산품입니다.
다행히 요즘 강원도가 제대로 춥습니다.
얼음은 매끄럽고 설원은 풍성합니다.
추위와 함께 훈련해온 선수들에게 최적의 환경을 마련했습니다.
오늘 우리도 추위 덕분에 이렇게 한자리에 모이게 되었습니다.
강원도의 추위는 대한민국이 여러분에게 보낸
따뜻한 초대장인 셈입니다.

내가 존경하는 한국의 사상가 신영복 선생은
겨울철 옆 사람의 체온으로 추위를 이겨나가는 것을
정겹게 일컬어서 '원시적 우정'이라고 했습니다.
오늘 세계 각지에서 모인 우리의 우정이
강원도의 추위 속에서 더욱 굳건해지리라 믿습니다.

- 2018. 2. 9. 평창 동계올림픽 개회식 사전 리셉션 中 -

정치권력이 국민 위에 군림하면서 행세했던 시절이 있었습니다.
민주주의가 억압되고 국민의 삶이 짓눌렸지만 부패한 독재권력은
마치 거대한 절벽 같아서 도저히 넘을 수 없을 것 같았습니다.
58년 전 오늘도 그런 시절 중의 하루였습니다.
그러나 바로 이곳 대구에서 용기 있는 외침이 시작되었습니다.
그 외침이 오랫동안 온 나라를 가두었던 체념과 침묵을 깼습니다.

"우리는 정당하다, 정의는 살아 있다, 횃불을 밝혀라, 동방의 빛들아."

대구 학생들의 외침이 숨죽여 있던 민주주의를 깨웠습니다.
전국 곳곳에서 학생들의 항거가 잇따랐습니다.
2·28민주운동은 마치 들불처럼 국민의 마음속으로 번져갔습니다.
그리하여 마침내 3·15의거와 4·19혁명의 기폭제가 되었습니다.
대한민국이 국민의 힘으로 독재를 무너뜨린
첫 번째 역사를 쓰는 순간이었습니다.

- 2018. 2. 28. 제58주년 2·28민주운동 기념식 中 -

99년 전 오늘 마을과 장터에 격문이 붙었습니다.
독립선언서가 손에서 손으로 전달되었습니다.

우리 선조들의 독립 투쟁은 세계 어느 나라보다 치열했습니다.
광복은 결코 밖에서 주어진 것이 아닙니다.
선조들이 최후의 일각까지 죽음을 무릅쓰고 함께 싸워 이뤄낸 결과입니다.

3·1운동의 가장 큰 성과는
독립선언서에 따른 대한민국 임시정부의 수립이었습니다.
3·1운동으로 수립된 대한민국 임시정부의 헌법은 대한민국이 민주공화제이며
나라의 주권이 국민에게 있다고 명백하게 새겨 넣었습니다.
그것이 지금 대한민국 헌법 제1조가 되었습니다.

우리에겐 3·1운동이라는 거대한 뿌리가 있습니다.
해방과 국민주권을 가져온 민족의 뿌리입니다.
우리에겐 독립운동과 함께 민주공화국을 세운 위대한 선조가 있고,
절대 빈곤에서 벗어나 경제발전과 민주화를 이룬
건국 2세대와 3세대가 있습니다.
또한 이 시대에 함께 걸어갈 길을 밝혀준 수많은 촛불이 있습니다.
우리는 더 이상 우리를 낮출 필요가 없습니다.
우리 힘으로 광복을 만들어낸 자긍심 넘치는 역사가 있습니다.
우리는 우리 스스로 평화를 만들어낼 역량이 있습니다.

- 2018. 3. 1. 제99주년 3·1절 기념식 中 -

돌담 하나, 떨어진 동백꽃 한 송이, 통곡의 세월을 간직한 제주에서
이 땅에 봄은 있느냐, 여러분은 70년 동안 물었습니다.
저는 오늘 여러분께 제주의 봄을 알리고 싶습니다.
비극은 길었고 바람만 불어도 눈물이 날 만큼 아픔은 깊었지만
유채꽃처럼 만발하게 제주의 봄은 피어날 것입니다.
여러분이 4·3을 잊지 않았고 여러분과 함께 아파한 분들이 있어
오늘 우리는 침묵의 세월을 딛고 이렇게 모일 수 있었습니다.

이제 우리는 아픈 역사를 직시할 수 있어야 합니다.
불행한 역사를 직시하는 것은
나라와 나라 사이에서만 필요한 일이 아닙니다.
우리 스스로도 4·3을 직시할 수 있어야 합니다.
낡은 이념의 틀에 생각을 가두는 것에서 벗어나야 합니다.

제주는 깊은 상흔 속에서도
지난 70년간 평화와 인권의 가치를 외쳐왔습니다.
이제 그 가치는 한반도의 평화와 공존으로 이어지고,
인류 전체를 향한 평화의 메시지로 전해질 것입니다.
항구적인 평화와 인권을 향한 4·3의 열망은
결코 잠들지 않을 것입니다.

- 2018. 4. 3. 제70주년 4·3 희생자 추념식 추도사 中 -

세월호의 비극 이후 우리는 달라졌습니다.
생명을 우선하는 가치로 여기게 되었고,
이웃의 아픔을 공감하게 되었습니다.
촛불도, 새로운 대한민국의 다짐도 세월호로부터 시작되었습니다.

우리가 달라질 용기를 낼 수 있었던 것은
아이들이 우리 가슴속에 묻혀 있기 때문입니다.
아이들이 가슴속에서 살아날 때마다 우리는
이대로는 안 된다는 것을 생각하고 또 생각하게 되었습니다.
앞으로도 그럴 것입니다.
우리가 아이들을 기억해야 하는 이유는
여전히 우리 사회가 죽음을 바라보며
생명의 존엄함을 되새겨야 하기 때문입니다.

지난 4년의 시간은 시시때때로 가슴이 저려오는 시간이었습니다.
그렇지만 아픔을 견디며 미래를 이야기할 수 있었던 시간이었습니다.

세월호를 기억하고 안전한 대한민국을 만들겠다는
저의 약속을 반드시 지킬 것입니다.
시간이 흘러도 줄어들지 않을 유가족들의 슬픔에
다시 한 번 위로를 보냅니다.

- 2018. 4. 15. 세월호 4주기 메시지 中 -

존경하는 남과 북의 국민 여러분, 해외 동포 여러분!
김정은 위원장과 저는 평화를 바라는 8,000만 겨레의 염원으로
역사적인 만남을 갖고 귀중한 합의를 이루었습니다.
한반도에 더 이상 전쟁은 없을 것이며,
새로운 평화의 시대가 열리고 있음을 함께 선언하였습니다.
긴 세월 동안 분단의 아픔과 서러움 속에서도
끝내 극복할 수 있다고 믿었기에
우리는 이 자리에 설 수 있었습니다.

이제 우리는 결코 뒤돌아가지 않을 것입니다.

저는 김정은 위원장과 함께
남북 모두의 평화와 공동의 번영과
민족의 염원인 통일을 우리 힘으로 이루기 위해
담대한 발걸음을 시작했습니다.

- 2018. 4. 27. 2018 제1차 남북 정상회담 공동선언 발표 中 -

노동은 숭고합니다.

아버지의 손톱에 낀 기름때는 삶을 지탱합니다.

어머니의 손톱 밑 흙에서는 희망처럼 곡식이 자랍니다.

일하는 사람들에 의해 대한민국은 여기까지 왔습니다.

모든 성장은 노동자를 위한 성장이어야 합니다.

노동의 가치와 존엄은 이념의 문제가 아닙니다.

우리들 자신이, 우리의 부모들이, 우리의 아들딸들이

바로 노동자들이기 때문입니다.

노동의 가치와 존엄은 바로 우리 자신의 가치와 존엄입니다.

- 2018. 5. 1. 근로자의 날 SNS 메시지 中 -

처음처럼, 국민과 함께 가겠습니다.

지금 세상을 바꾸고 있는 것은 국민입니다.
정의로운 대한민국을 만들어가고 있는 것도 국민입니다.
단지 저는 국민과 함께하고 있을 뿐입니다.

지난 1년 과분한 사랑을 받았습니다.
국민이 문재인 정부를 세웠다는 사실을 결코 잊지 않겠습니다.
광장의 소리를 기억하겠습니다.
임기를 마칠 때쯤이면
'음, 많이 달라졌어. 사는 것이 나아졌어.'
라는 말을 꼭 듣고 싶습니다.

평화가 일상이었으면 좋겠습니다.

- 2018. 5. 10. 취임 1주년 SNS 메시지 中 -

MEREDITH VICTORY
대한민국 대통령
THE PRESIDENT OF THEREPUBLIC OF KOREA

식민지로부터 광복, 전쟁을 이겨내고
민주화와 경제발전을 이뤄내기까지
우리 국민들은 매 순간 최선을 다해왔습니다.
국민들이 기적을 만들었고,
대한민국은 공정하고 정의로운 나라로 가고 있습니다.
독립의 선열들과 국민들은 반드시 광복이 올 것이라는
희망 속에서 서로를 격려하며 고난을 이겨냈습니다.
한반도 비핵화와 경제 살리기라는 순탄하지 않은 과정이
우리를 기다리고 있지만 지금까지처럼
서로의 손을 꽉 잡으면 두려울 것이 없습니다.

한반도 평화와 번영은
우리가 어떻게 하느냐에 달려 있습니다.
낙관의 힘을 저는 믿습니다.
광복을 만든 용기와 의지가 우리에게 분단을 넘어선,
평화와 번영이라는 진정한 광복을 가져다줄 것입니다.

- 2018. 8. 15. 제73주년 광복절 경축사 中 -

평양 시민 여러분, 동포 여러분!
우리 민족은 우수합니다.
우리 민족은 강인합니다.
우리 민족은 평화를 사랑합니다.
그리고 우리 민족은 함께 살아야 합니다.
우리는 5천 년을 함께 살고 70년을 헤어져 살았습니다.
나는 오늘 이 자리에서 지난 70년 적대를 완전히 청산하고,
다시 하나가 되기 위한
평화의 큰 그림을 내딛자고 제안합니다.

김정은 위원장과 나는
북과 남 8천만 겨레의 손을 굳게 잡고
새로운 조국을 만들어나갈 것입니다.

우리 함께 새로운 미래로 나아갑시다.

- 2018. 9. 19. 평양 5월1일경기장 연설 中 -

나는 지난 제72차 유엔총회에서
온전하고 지속가능한 평화를 이루기 위해
북한이 스스로 평화를 선택하기 바란다고 밝힌 바 있습니다.
유엔은 물론 지구촌 구성원 모두의 바람이기도 했습니다.
북한은 우리의 바람과 요구에 화답했습니다.

북한은 오랜 고립에서 스스로 벗어나 다시 세계 앞에 섰습니다.
이제 국제사회가 북한의 새로운 선택과 노력에 화답할 차례입니다.
북한이 항구적이고 공고한 평화의 길을 계속 갈 수 있도록
이끌어주어야 합니다.

여러분, 우리 모두는 평화를 바랍니다.
사랑하는 가족, 이웃, 그리운 고향이 평화입니다.
가진 것을 함께 나누는 일이 평화입니다.
모두 함께 이룬 평화가 모든 이를 위한 평화입니다.
한반도의 항구적 평화와 비핵화를 향한 길,
평화로운 세계를 향한 여정에
여러분 모두, 언제나 함께해주실 것으로 믿습니다.

- 2018. 9. 26. 제73차 유엔총회 기조연설 中 -

대한민국대통령

에필로그

세종대왕의 애민정신과
2018년의 민주주의
600여 년의 시차를 관통하는
'사람이 먼저다.'
그 시대정신을 마음속에 되새깁니다.
그리고 그 가치를 몸소 실현해나가는
문재인 대통령!

늘 국민과 함께하는 대통령을
존경합니다,
응원합니다,
사랑합니다.

추천사

고군 작가의《상상이 현실이 되는 나라》는 완전히 새로운 대한민국을 만들어가는 문재인 대통령의 행보를 한눈에 볼 수 있도록 담았습니다. 한마디로 '소확행'을 느낄 수 있는 책입니다.

- 국회의원 김진표

노무현 대통령을 그리는 나는 과연 노무현의 친구인 문재인 대통령을 누가 그리게 될지 늘 궁금했었다. 문재인 대통령을 그리는 작가들이 여럿 나타났지만 인정을 못 받고 사라져갔다. 안타까워하는 가운데 촛불혁명이 진행되면서 난세에 영웅이 나오듯 결국 운명적으로 진짜가 나타났다. 고군 작가였다. 이후 문재인 정권이 들어섰고, 지금까지 국민들의 사랑을 받는 문재인 지킴이 작가로서 굳건히 자리매김하고 있다. 번뜩이는 천재적 아이디어로 모두에게 행복과 희망을 주는 '완소' 작가다. 나이를 떠나 고군 작가를 친구로 생각하고 우정을 돈독히 하고 있는 지금, 나는 그 어느 때보다 행복하다.

- 만화가 박운음

한반도 평화와 나라다운 나라를 만들기 위해 쉼 없이 달려온 문재인 대통령의 여정을 담은 특별한 책입니다. 그 순간순간을 위트 넘치는 작품으로 표현해온 고군 작가의 신간《상상이 현실이 되는 나라》를 자신 있게 추천합니다.

- 국회의원 박주민

작은 공간의 시사 만평 하나로 촌철살인의 메시지를 만들어내는 천재 작가 고군의《상상이 현실이 되는 나라》출간을 축하드립니다. 나라다운 나라를 함께 만들어가는 데 힘이 되기를 기원합니다.

- 국회의원 송영길

고군 작가의 작품은 여타의 시사 만화에서 볼 수 없는 디자인이 돋보인다. 내용 면에서도 희망적이다. 세태를 꼬집는 씁쓸함보다는 위트와 건강한 긍정이 돋보인다. 이번에 특히 주목할 만한 컷들은 메트로한 배경 위에 많은 정치인들과 유명인들이 어우러져 있는 놀라운 정경이다. 월리를 찾는 것처럼 하나씩 찾아보는 재미도 톡톡히 있다. 고군 작가는 그림으로 우리에게 거대한 인상을 주기도 하고 한 컷으로 아픈 기억을 떠올리게 하는 시사의 연금술사다. 그래서 이 작품집은 특별하고 고귀하다.

- 만화가 원수연

나라를 나라답게 만드는 문프의 활약상을 쓰고 그린 고군의 작품은 그 치열한 과정을 따스하고 조화롭게 느끼게 합니다. 천천히 보고 또 보고 생각하게 합니다. 순간 미소도 짓게 합니다. 이 시간 속에 있는 '나'를 찾게 하는 인문학입니다. 신기방기합니다.

- 국회의원 최재성

(가나다순)

상상이
현실이 되는
나라